Orientação espiritual

Dados Internacionais de Catalogação na Publicação (CIP)
(Câmara Brasileira do Livro, SP, Brasil)

Steindl-Rast, David
  Orientação espiritual : encontrando uma vida plena / David Steindl-Rast ; [tradução de Bruno Mendes dos Santos]. – Petrópolis, RJ : Vozes, 2023.

  Título original: Orientierung finden:

  Schlüsselworte für erfülltes Leben.
  ISBN 978-65-5713-800-7

  1. Cristianismo 2. Devoção a Deus
  3. Orientação espiritual 4. Vida cristã I. Título.

  23-151013   CDD-248.4

Índices para catálogo sistemático:
1. Vida Cristã : Cristianismo 248.4

Aline Graziele Benitez – Bibliotecária – CRB-1/3129

DAVID STEINDL-RAST

Orientação espiritual

Encontrando uma vida plena

Tradução de Bruno Mendes dos Santos

Petrópolis

© 2021 Tyrolia-Velarg, Innsbruck-Vienna

Tradução realizada a partir do original em alemão intitulado
Orientierung finden – Schlüsselworte für ein erfülltes Leben

Direitos de publicação em língua portuguesa – Brasil:
2023, Editora Vozes Ltda.
Rua Frei Luís, 100
25689-900 Petrópolis, RJ
www.vozes.com.br
Brasil

Todos os direitos reservados. Nenhuma parte desta obra poderá ser reproduzida ou transmitida por qualquer forma e/ou quaisquer meios (eletrônico ou mecânico, incluindo fotocópia e gravação) ou arquivada em qualquer sistema ou banco de dados sem permissão escrita da editora.

CONSELHO EDITORIAL

Diretor
Volney J. Berkenbrock

Editores
Aline dos Santos Carneiro
Edrian Josué Pasini
Marilac Loraine Oleniki
Welder Lancieri Marchini

Conselheiros
Elói Dionísio Piva
Francisco Morás
Gilberto Gonçalves Garcia
Ludovico Garmus
Teobaldo Heidemann

Secretário executivo
Leonardo A.R.T. dos Santos

Editoração: Clauzemir Makximovitz
Diagramação: Sheillandre Desenv. Gráfico
Revisão gráfica: Lorena Delduca Herédias
Capa: Sérgio Gonzalez

ISBN 978-65-5713-800-7(Brasil)
ISBN 978-3-7022-3992-3 (Alemanha)
Este livro foi composto e impresso pela Editora Vozes Ltda.

Este livro é dedicado a pessoas jovens e a todas as que permanecem jovens o suficiente para continuar, de coração aberto, rumo aos horizontes mais amplos.

Sumário

Observações preliminares, 9

Parte I – Passos de orientação – Com base em 21 palavras-chave, 13

1 Em busca de uma visão global, 15

2 O primeiro passo – Orientação, 21

3 O Eu – Minha existência como dádiva, 24

4 O Si-mesmo – Minha própria essência, 27

5 O Ego – Quando o Eu esquece o Si--mesmo, 36

6 Você sempre – Pois toda a vida é relação, 40

7 O Isso – Descobrindo em tudo a magia da existência, 48

8 O sistema – O poder que destrói a vida, 55

9 Mistério – Quando a realidade nos "agarra", 66

10 A Vida – Lugar de encontro com o mistério, 80

11 Deus – O misterioso "mais-e-cada-vez--mais", 87

12 Religiosidade – O que nos conecta e nos cura, 98

13 Religiões – Diferentes línguas para o indizível, 104

14 Confiança – Nossa resposta à angústia, 117

15 Interior/exterior – Dois aspectos da mesma realidade, 122

16 Interiorização – Uma tarefa de vida, 127

17 O agora – Na intersecção entre o tempo e a eternidade, 131

18 Decisão – O que a vida quer de mim agora?, 134

19 Vocação – "Siga sua estrela!", 145

20 *Stop – Look – Go* – Praticando no caminho do fluxo da vida, 163

21 Gratidão – Um caminho para a plenitude, 186

Parte II – Pontos de orientação, 201

O ABC das palavras-chave, 203

Índice remissivo, 267

Observações preliminares

I want to know what this whole show is all about, before it's out.

Quem me dera saber afinal do que se trata tudo isso, antes que acabe.

Piet Hein (1905-1996)

Agora, em meados dos meus 90 anos, pergunto ao meu amigo Tomás, que está na casa dos 20: "E os jovens de hoje? Vocês também querem saber, tão fervorosamente quanto Piet Hein e eu, do que se trata tudo isso, afinal de contas?" "Sim", diz ele, sem hesitar sequer por um momento, "essa questão também nos inquieta *o tempo todo!*" A resposta de Tomás acabou me levando a escrever este livro. Gostaria de tentar assinalar os pontos de orientação mais importantes que pude encontrar no decorrer da minha vida. Pois: se quisermos encontrar nosso lugar no todo, temos que olhar então para a interconexão dinâmica de tudo com tudo. Isso também pode nos ajudar a reconhecer nossa tarefa pessoal no contexto mais amplo. Obra de consulta e livro de autoajuda fundem-se aqui em um só. O texto a seguir pode servir de inspiração para todos aqueles que estão em busca de orientação. E isso, em nossos tempos confusos, é muita gente. Esta primeira parte mais longa do livro lista ainda as palavras-chave mais importantes, de acordo com sua ordem interna. Ela invoca reiteradamente a experiência pessoal dos leitores e leitoras, incentiva suas próprias reflexões e sugere perspectivas e atitudes úteis à vida. Muitos vão querer também ler, em sua totalidade, a segunda metade do livro, especialmente todos os entusiastas da língua e todos aqueles que simplesmente têm prazer em se expressar claramente. Você conhecerá aqui distinções importantes, muitas vezes negligenciadas, infelizmente. Mas essa parte do livro também pode ser consultada como obra de consulta, por exemplo, por instrutores em busca de definições claras. Grupos de estudo e círculos de leitura, que queiram se entender melhor e que procuram termos inequívocos, também encontrarão aqui um manual que explica brevemente cerca de 100 termos básicos para orientação espiritual. Uma rede de referências cruzadas com asterisco (*) conecta as duas partes e facilita a compreensão, apontando para explicações complementares na segunda parte. Mesmo depois da leitura, muitos provavelmente vão querer manter este guia à mão na prateleira para obter e dar conselhos em questões espirituais.

Gostaria de agradecer às inúmeras pessoas que ajudaram a tornar este livro possível. Só posso citar alguns aqui: Gottfried Kompatscher e todo o pessoal da editora Tyrolia, meu editor Klaus Gasperi, Brigitte Kwizda-Gredler, Reinhard e Mia Nesper, Rosemarie Primault e Mario Quintana, cujas reflexões instigantes e ajuda prática quase fazem dele um coautor. Também reverencio com profunda gratidão a minha fiel assistente, Ingrid Oswald, e a todos os colaboradores cujo nome não mencionei.

Páscoa de 2021, Güelta de Areco, Azcuénaga, Argentina

Irmão David Steindl-Rast OSB

Parte I

Passos de orientação

Com base em 21 palavras-chave

1

Em busca de uma
visão global

Minha vida toda eu queria saber, acima de tudo, como é que tudo estava relacionado a tudo mais. O que me interessa é a visão global — a imagem do todo, a questão do horizonte mais longínquo, a questão sobre de que se trata tudo isso, afinal de contas. Será que a tentativa de se chegar a uma visão global com menos de cem palavras-chave é um empreendimento audacioso demais? Em todo caso, o esforço parece-me valer a pena. Tudo o que podemos é tentar. O êxito não está apenas em nossas mãos.

A objeção mais próxima provavelmente será esta: como você pode esperar desenhar o mapa de orientação de um mundo em constante mudança? Mas "mapa" é uma imagem estática demais para o que estamos tentando desenhar. Trata-se, mais provavelmente, de uma compreensão da coreografia do todo, cujas características mais importantes são o movimento e a mudança. Se refletirmos profundamente sobre isso, notamos que a visão global inclui não apenas o movimento em mudança, mas também a permanência em repouso. Nosso símbolo da realidade deve ser capaz de expressar ambos, o movimento e o repouso. Vem à mente a imagem de uma ciranda, que, sem começo nem fim, repousa em si mesma, mas que ao mesmo tempo se move sem parar. Não dançamos para chegar a algum lugar. A dança não pretende nada. É sem finalidade, mas com sentido. E, no entanto, ao dançarmos, temos algo como objetivo: queremos conceder à música a melhor expressão possível e ser perfeitos no compasso, agora e agora e agora. Na dança tudo se trata da oportunidade de estar instante a instante no mesmo compasso que os mais próximos de nós na roda e, por meio deles, estabelecer uma interação com todos os dançarinos. O objetivo é unir-se completamente ao ritmo e à harmonia da dança. A dança, entretanto, é um símbolo de transformação e do percurso de todo o universo.

Não perca de vista o símbolo da dança de ciranda! Ele deve reluzir sempre que se tratar da visão do todo e servir de pano de fundo para todas as reflexões com as quais nos envolveremos neste livro. Ainda hoje, todo mundo conhece as cirandas, pelo menos desde o jardim de infância, mas a dança de roda para adultos já quase se perdeu. Fico feliz que as pessoas jovens de hoje estejam redescobrindo essa forma original de dança.

O círculo e o anel são símbolos inesgotáveis do todo cósmico — desde círculos de pedra da pré-história até o *Ensō* na caligrafia japonesa. Muitas vezes veremos que são os poetas que conseguem nos revelar, particularmente bem, o significado mais profundo das palavras e das imagens. Isto também se aplica à dança de ciranda. Além disso é significativo que, como meros espectadores, não possamos ver o que é mais importante. Olhando de fora da roda, sempre vai parecer que aqueles mais afastados estão indo na direção oposta aos que estão mais próximos de nós. Só quando nós mesmos entramos na roda, agarramos as mãos de nossos parceiros à esquerda e à direita e dançamos junto, é que fica nítido que todos estão se movendo na mesma direção.

Foi com C. S. Lewis (1898-1963) que me deparei pela primeira vez diante da imagem da grande dança, que ele também chama de a grande peça. Em seu romance espacial "Perelandra" ele diz:

> Começou antes de todo início [...] A dança que dançamos é o centro e pelo bem da dança tudo foi criado [...] No plano da grande dança interligam-se incontáveis planos entre si e cada personagem, a seu tempo, leva ao desdobramento de todo o esboço para o qual tudo aponta [...] Para o espírito sombrio, tudo que foi criado parece não ter plano, porque há mais planos em jogo do que ele pode imaginar [...] Acompanhe com os olhos um movimento e ele conduzirá você através de todas as personagens e

lhe parecerá como protagonista. E o que é aparente será verdadeiro. Que nenhuma boca fale contra. Tudo parece sem um plano porque tudo é um plano: tudo parece estar sem um centro porque há um centro em toda parte.

O escritor americano T. S. Eliot (1888-1965) fala deste misterioso centro – o do agora – como "o ponto parado do mundo que gira".

O agora é o momento em que o dançarino está "em repouso e ainda em movimento", completamente em compasso com o ritmo cósmico. É o momento em que, paradoxalmente, a flecha do nosso movimento de dança atinge seu objetivo sem parar em seu voo. Neste "ponto de repouso, aí está a dança [...] Sem o ponto, o ponto de repouso, não haveria dança; e não há nada além da dança".

As palavras do conhecido cânone "O amor é um anel. Um anel não tem fim" poderiam muito bem ter vindo de um espectador que contempla de perto uma ciranda. O poeta Robert Frost (1874-1963) acrescenta:

> Nós dançamos intrigados em
> círculos;
> O mistério está sentado no meio
> e sabe.

Em conjunto, estes dois pequenos textos referem-se à mesma coisa que Dante (1265-1321) já abordou em seu famoso verso: "*L'amor che move il sole e l'altre stelle* — o amor que move o sol e as outras estrelas, *o amor que move tudo*". O mistério central da dança de roda cósmica é o amor.

2

O primeiro passo

Orientação

Um casal de amigos estava me contando de seu filho de dois anos: "Quando ele acorda de manhã, primeiro tem que se localizar, ele procura sua orientação. Nós o ouvimos falando sozinho na caminha dele que fica logo ao lado. Ele se orienta nomeando as coisas uma a uma em seu quarto e repetindo em voz alta uma ladainha inteira de palavras recém aprendidas: 'cobertor, lâmpada, bicho de pelúcia'". Não apenas quando crianças, mas ao longo de nossas vidas, utilizamos palavras para encontrar nosso caminho e nos orientarmos através do labirinto deste mundo confuso.

A palavra orientação, assim como "oriente", vem do latim, em que *oriens* se refere ao "nascer do sol", ao "leste". Se soubermos onde o sol nasce, podemos determinar todos os outros pontos cardeais e nos alinhar com nosso objetivo. Algumas palavras podem nos mostrar o caminho de uma maneira semelhante. Elas brilham como as luzes de um farol e nos guiam de modo confiável através de mares tempestuosos. Palavras tão radiantes podem se tornar palavras-chave que nos abrem para novos conhecimentos. Basta "refletir pela língua"; aprender como seguir uma trilha pelos campos e desfrutar as novas descobertas, flor a flor. "Refletir pela língua" é uma expressão cunhada pelo filósofo Martin Heidegger (1889-1976). Descobri há muito tempo a alegria que brota desta reflexão. Ela nos ensina a prestar muita atenção às percepções que nossos antepassados deixaram como traços de seu pensamento na língua e assim legaram-nas a nós. Assim como nós, também eles estavam tentando se localizar no mundo e na vida. Eles também estavam procurando por coordenadas confiáveis para um direcionamento interno e uma orientação espiritual. É por isso que na linguagem que eles nos deixaram está escondido um tesouro da sabedoria pioneira. E como a poesia multiplica a densidade da linguagem, os poemas muitas vezes revelam esse tesouro em sua manifestação mais pura e mais radiante.

Na busca por orientação, duas coisas devem se unir: nossa própria experiência e as experiências dos outros, que são registradas em mapas e outros instrumentos de auxílio à orientação. Tanto um globo terrestre quanto um mapa de trilhas podem nos ajudar na orientação, desde que aprendamos a distinguir nitidamente entre eles e a escolher o critério que servir aos nossos propósitos. Não queremos nos perder em detalhes. O que nos interessa aqui é a orientação para a visão global. Além disso, não esqueçamos que só podemos ler corretamente os mapas se soubermos a nossa própria localização.

3

O eu

Minha existência como dádiva

Minha orientação no mundo começa necessariamente no lugar onde eu estou. Uma estrela com a legenda "Você está aqui!" muitas vezes indica nosso lugar na grande placa de orientação com um mapa na entrada de uma região de trilhas. Da mesma forma, a circunstância de eu "estar aqui" neste mundo é o fato fundamental pelo qual minha orientação deve começar. Não consigo encontrar nenhum outro ponto de partida além deste que é muito pessoal, porque não há outro. Mas ele tem grandes consequências de modo que eu posso expressar esta percepção básica de duas maneiras diferentes: "eu estou aqui" ou "há eu". A distinção entre "eu estou aqui" e "há eu" pode contribuir muito para encontrarmos nosso lugar na visão do todo.

Com a frase "eu estou aqui", estou naturalmente afirmando que minha existência é um fato dado, mas expresso isso na primeira pessoa do singular como minha irrefutável experiência. Contestar esta experiência significaria confirmá-la, pois se eu não existisse, eu não poderia negar minha existência. Assim, minha existência necessariamente torna-se o ponto de partida central para me orientar no mundo. Sem dúvida, somente para mim mesmo é que sou o ponto central do mundo.

Mas isto pode facilmente me levar a considerar que o centro do *meu* mundo fosse o centro absoluto do mundo inteiro. Quando isso acontece, começo a imaginar todo o resto como se girasse em torno do meu pequeno Eu. Todo o meu mundo compartilhado, ao qual pertenço, torna-se então meu mero entorno: mas se um "Eu" acha que tudo passa por ele, permanece preso em si mesmo.

A segunda maneira de exprimir a ideia de que eu existo – "há eu" – é formulada de modo impessoal, sem sujeito. Essa diferença gramatical é profunda: a ênfase desta nova formulação não está mais no meu Eu, mas no Isso, que me dá – de presente – a mim mesmo e ao mundo. Com a frase "há eu" eu afirmo este fato como se eu fosse um observador externo.

Isso reduz o perigo de me tornar o centro das atenções e ficar preso em mim mesmo. Além de mim há ainda inúmeros outros. E, ao ser dado, reconheço minha existência como um dom, como um presente do universo. Eu me vejo inserido em um dar e receber e meu meio ambiente, meu mundo ao redor torna-se, assim, um mundo compartilhado – uma rede de relações que conecta tudo com tudo mais. Esta forma de me entender permite o desenvolvimento saudável do "Eu-Mesmo".

imes
4

O Si-mesmo

Minha própria essência

Quando falo de meu "Si-mesmo", refiro-me à minha própria essência. Estou consciente de que posso "entrar em mim mesmo", em um domínio interior que só é acessível a mim mesmo. Somente eu posso experimentar minha consciência, enquanto os outros experimentam apenas minha presença externamente visível como um corpo entre outros corpos. — Só que normalmente não dizemos "eu *sou* um corpo", mas sim "eu *tenho* um corpo". No entanto, isso é estranho quando paramos para pensar. Ali está um corpo sentado dizendo: "Eu *tenho* um corpo". Mas quem é que está falando? Quem fala é meu Si-mesmo corporificado – unido com meu corpo em um só. E, ao mesmo tempo, fala de meu corpo como sua aparência visível. Interior e exterior não podem ser separados, mas apenas distinguidos. Portanto, quando digo "eu mesmo", quero dizer uma unidade, meu Si-mesmo corporificado.

Mas como posso distinguir nitidamente meu Eu de meu Si-mesmo? Posso experimentar conscientemente a diferença entre Si-mesmo e Eu? Isso pode ser testado com um experimento. Nossa consciência reflexiva nos permite observar a nós mesmos. Portanto, observe-se aí sentado lendo estas linhas. Para conseguirmos, temos que nos "distanciar" interiormente daquilo que observamos. Olhe novamente de perto com seu olhar interior: você se vê, de alguma forma, como sendo ao mesmo tempo observado e observador? Então você tem que se concentrar ainda mais exclusivamente em observar. Mais cedo ou mais tarde você consegue prestar atenção apenas ao observado, pois você se identifica completamente com o observador. Se conseguir, terá alcançado o objetivo. O observador que ninguém mais observa é o Si-mesmo.

Onde está esse Si-mesmo? Em nenhum lugar e em todos os lugares. Você não pode localizá-lo. Por isso, não pode ser desmembrado em partes. Disso brota a surpreendente percepção de que existe apenas um Si-mesmo: um para todos nós – um todo sem fronteiras e indivisível! No entanto, nosso Eu é único e diverso de todos os outros "Eus". Aquele único Si-mesmo inesgotável se expressa repetidamente em um novo Eu. Somos tão diferentes um do outro que nem mesmo nossas impressões digitais podem ser encontradas duas vezes entre bilhões de outras. E, porém, quando dizemos "eu mesmo", estamos todos nos referindo a um mesmo "Si-mesmo". Em todas as pessoas que encontro frente a frente, deparo-me com o único Si-mesmo que é comum a todos nós. Isso é de grande importância para a minha relação com os outros.

O Si-mesmo não se mantém apenas acima do espaço, mas também acima do tempo e, neste sentido, é supratemporal. Quando recordo minha infância, encontro um outro Eu, um Eu criança, não meu Eu atual. No entanto, meu Si-mesmo daquela época é igual ao de agora; ele permanece inalterado em minha recordação. Amigos de escola se reconhecem após trinta anos, embora nem uma única molécula de seu corpo seja mais igual. Eles se reconhecem mutuamente porque o Si-mesmo permanente se expressa no Eu do outro, que está em constante mudança. Apesar de todas as nossas limitações, todo ser humano é uma nova realização das possibilidades ilimitadas do Si-mesmo.

Você se lembra do início da sua primeira amizade – talvez já no jardim de infância? Não diria que foi um momento de impressionante estupefação: como pode outra criança ser tão completamente diferente e ao mesmo tempo tão igual a mim? Não *como* eu – a grande diferença entre nós torna a coisa toda tão empolgante – e, ainda assim, no sentido mais verdadeiro da palavra *eu*! O filósofo grego Aristóteles (385-332 a.C.) entendeu a amizade como "uma única alma que reside em dois corpos" – um único Si-mesmo em nossa terminologia. Naturalmente, "um único Si-mesmo" reside em *todos* os corpos, se quisermos expressar dessa forma. Mas os olhos dos amigos estão abertos para esse fato determinante e eles estão conscientes de seu significado um para o outro. Se pudéssemos, pelo menos às vezes, estar conscientes disso em relação a *todos* os outros, nosso mundo seria um lugar mais gentil.

No decorrer da minha vida, tive várias vezes o prazer de conhecer pessoas cujo Eu permitia que o Si-mesmo transparecesse com bastante nitidez. Na presença deles, foi mais fácil para mim ser "eu mesmo". Eles me tornaram consciente de que eu também sou uma expressão única do grande e único Si-mesmo. Nesse aspecto, diferentes tradições dão nomes distintos ao Si-mesmo. Para os pimas no Arizona, por exemplo, chama-se "*I'itoi*"; para os hindus, "*Atman*", para os budistas, a "natureza de Buda". Os cristãos o chamam de "Cristo está no meio de nós". Neste sentido, escreve São Paulo: "Já não sou eu que vivo, é Cristo que vive em mim" (Gl 2,20). Deixar este Si-mesmo transparecer cada vez mais nitidamente através de nosso Eu é o que representa a grande tarefa de "nos tornarmos quem realmente somos". Essa é a tarefa de "desempenhar bem nosso papel na vida", como se diz.

Mas o que isso significa? Nosso papel na vida não é um roteiro fixo e desempenhá-lo significa improvisar — como atores em apresentações de improviso ou como músicos de jazz. O jazz se desenvolve e muda constantemente de forma imprevisível, pois os instrumentistas se escutam um ao outro e cada um é influenciado por todos os outros. Cada indivíduo pode contribuir com aquilo que é determinado por seu instrumento, com todas as suas possibilidades e limitações. O instrumento que nos é dado desde o nascimento é, em grande parte, determinado por fatores que não estão sob nosso controle. Muita coisa já depende simplesmente da época e do local de nosso nascimento — da época e do local de nossa entrada e atuação no palco do grande teatro do mundo, no qual a peça está em cartaz há milênios. Pensemos também em nossas qualidades e fraquezas, nossas deficiências e talentos herdados. Qualquer que seja a maneira como lidamos com essas características, elas irão, em grande medida, determinar juntas as possibilidades e limites de nossa improvisação. O cumprimento de nossa tarefa de "tocar bem" não pode, portanto, depender do instrumento sobre o qual não temos influência. Deve depender de quão "bem" o tocamos.

Mas como posso reconhecer que estou desempenhando bem o meu papel? Aqui, o que significa "bem"? A resposta vem do que dissemos sobre o Si-mesmo: você tem que tocar como "você mesmo". O quão bem "desempenhamos nosso papel na vida" não depende de nossa aptidão, mas do fato de que nosso Eu se torna cada vez mais transparente para o Si-mesmo. Isso também significa que permanecemos conscientes de que nós – os instrumentistas – somos todos um só Si-mesmo. E que reforçamos nosso pertencimento mútuo através da nossa maneira de tocar. Então nossa atuação – tudo o que fazemos – expressará um "vivenciado sim ao pertencimento". Mas essa é precisamente a nossa definição de amor. Se você refletir sobre nisso, descobrirá que o amor em todas as suas formas autênticas é um "vivenciado sim ao pertencimento". Portanto, "desempenhar bem o nosso papel" significa expressar amor através de tudo o que fazemos na vida.

Isso corresponde à premissa que reencontramos em toda forma de espiritualidade e que encontra sua expressão no conhecido mandamento judaico-cristão: "Amarás o teu próximo como a ti mesmo" (Lv 19,18). Não é "do modo como a você mesmo", mas *no papel de você mesmo"* – já que seu Si-mesmo também é o Si-mesmo de seu próximo. Em cada um de nossos parceiros de atuação nos deparamos com nosso Si-mesmo em comum – até mesmo em nossos inimigos. Por isso, "Amai vossos inimigos" (Mt 5,44) não é uma imposição contraditória. Por exemplo, todos aqueles que destroem a floresta tropical permanecem meus inimigos, embora, como cristão, eu queira amá-los. Se o amor transformasse todos em amigos, então eu nunca poderia amar os inimigos. Meu amor será demonstrado pelo fato de que, enquanto faço tudo o que posso para contrariar seus esforços e impossibilitar que cometam algum mal, ao mesmo tempo mostrarei a eles o respeito devido a cada ser humano e os tratarei como eu mesmo gostaria de ser tratado caso nossos papéis fossem invertidos. No meio da minha oposição enérgica, nunca devo esquecer que o Si-mesmo dos meus inimigos é o *meu* Si-mesmo.

Existe apenas *um* Si-mesmo. Na medida em que perdemos de nossa consciência este fato, também não estamos mais conscientes de que, em última instância, o Si-mesmo desempenha *todos* os papéis. Se eu esquecer isso, eu fico como um ator que se perde tanto em seu papel, que no fim acaba não sendo mais capaz de se distinguir do papel. Quando isso acontece, meu Eu se esqueceu de meu Si-mesmo. Ao Eu que perdeu seu relacionamento com o Si-mesmo chamamos Ego.

5

O Ego

Quando o Eu se esquece
do Si-mesmo

Ego é a palavra latina para "eu", mas vamos utilizá-la com um significado negativo porque precisamos de uma palavra para uma forma defeituosa do Eu. Na palavra "egoísta", bastante usada, o Ego também tem uma carga negativa. O "Eu" se torna o Ego através de um processo de esquecimento. Quanto mais eu me esqueço do meu Si-mesmo, que me conecta com todas as outras pessoas, mais irei me sentir solitário e completamente sozinho.

O meu "Eu-Mesmo" se reduz cada vez mais à forma de Ego, até que eu me esqueça quase completamente do meu Si-mesmo. Completamente não poderemos esquecê-lo nunca, mas depois falaremos mais sobre isso.

No mosteiro europeu, nós monges apresentamos às crianças, uma vez por mês após a missa de domingo, o teatro de marionetes de Kasperle. Às vezes pode acontecer que um dos frades interprete o papel do crocodilo com uma mão e, com a outra, a princesa ameaçada pelo crocodilo. Se nos imaginamos no lugar na princesa, saberemos disso com bastante certeza. Teremos angústia pelo medo do crocodilo, sim, mas confiaremos no marionetista que nos interpreta a ambos. Mas uma marionete que se esquece do marionetista deve se sentir como uma pele vazia, rodeada por inúmeras outras, algumas das quais parecem ser tudo menos amigáveis. Assim, ela vai ficar com angústia. Quando nos esquecemos de que um só Si-mesmo nos conecta internamente, a angústia é quase inevitável. O Ego reage com medo total contra essa angústia. O medo, no entanto, é a causa de tudo o que dá errado no teatro do mundo.

O medo torna o Ego agressivo. Então, ele procura segurança buscando obter poder sobre os outros; depois esforça-se para subir na vida mais que todos os outros, para oprimir e explorar os outros. Além disso, o Ego não se vê livre de uma sensação de falta. Por medo de que não haja o suficiente para todos, o Ego se torna ganancioso, avarento e invejoso. Perdeu sua inserção em um todo maior e se tornou o ponto central em torno do qual gira agora todo o seu pensamento e seu esforço. Está cada vez mais entrelaçado em uma sociedade movida pelo medo, onde Ego colide com Ego; uma sociedade – infelizmente a nossa própria! – caracterizada pela fome de poder, violência, ganância e exploração, e tudo isso por medo!

Como pode o Ego, nessa anormalidade e nesse emaranhado, encontrar seu caminho de volta na relação correta com o Si-mesmo? A resposta está na cara: por esquecimento e medo, ele se perdeu; através do oposto – ou seja, através da atenção e da confiança – ele pode encontrar seu caminho de volta. Além disso, o Eu que se tornou Ego jamais pode esquecer completamente o Si-mesmo. Portanto, ele pode dar a volta e retornar para casa. No

íntimo do coração do Ego, a lembrança do Si-
-mesmo está apenas adormecida.

Podemos resumir: o Ego não é nada mais que o Eu, mas um Eu doente, encolhido, porque perdeu da consciência o seu Si-mesmo, amplo e universal. Por isso, também esqueceu seu apego às pessoas e perdeu todos os relacionamentos genuínos. Somente através das relações, porém, é que encontramos sentido e orientação na vida. E todos os relacionamentos começam no relacionamento com o Você.

6

Você sempre

Pois toda a vida é relação

O reconhecimento de que estou, desde o início, inserido em uma rede de relações me prepara para uma importante percepção: a própria palavra "Eu" expressa o relacionamento. Não faria sentido dizer "eu" se eu não fosse, dessa forma, distinto de um Você e, ao mesmo tempo, em relação a esse Você. Em meu entorno encontro outros, cada um sendo o único Eu para si mesmo, cada um sendo um outro Você para mim. Lá fora, encontro inúmeras vezes um pequeno Você que ainda me é desconhecido; além disso, contudo, vivencio no meu interior um único e grande Você, que me é conhecido desde o início – não adicional a todas as pequenas formas do Você, mas sim, de alguma forma, abarcando todas elas. A paixão por um Você humano evidencia sua genuinidade e profundidade pelo fato de que ela é concomitantemente – e não adicionalmente! – direcionada ao grande Você. Isto também vale para o poema de amor mais apaixonado do poeta Rainer Maria Rilke (1875-1926):

> Apaga-me os olhos: eu posso
> ver-te!
> Fecha-me os ouvidos: eu posso
> ouvir-te!
> E sem pés posso ir ao teu
> encontro
> e mesmo sem boca eu posso
> chamar-te!
> Arranca-me os braços e eu te
> seguro
> com o coração, assim como com
> uma mão.
> Para meu coração e em mim o
> cérebro há de pulsar;
> e se puseres fogo em meu
> cérebro,
> eu te trarei no sangue.

Aqui realmente se trata de ambos os níveis de Você. Isso se mostra pelo fato de Rilke ter escrito esses versos para Lou Andreas-Salomé, o grande amor da sua vida, mas pouco tempo depois tê-los incluído em seu "Livro de Horas" (*Stundenbuch*) – como uma oração.

Desde o início, é esse Você absoluto que me possibilita dizer "Eu", no sentido pleno da palavra. Cada encontro externo com um pequeno Você pode aprofundar e enriquecer meu entendimento sobre o grande Você. No entanto, somente em relação a esse grande Você é que tem um grande peso quando eu digo: "*eu sou através de você, por isso eu*" – "*i am through you so i*". O verso é do poeta e.e. cummings (1894-1963), que insistia em escrever tudo, inclusive seu nome, em letras minúsculas.

Mas será que posso ter certeza de que meu grande Você é mais do que um termo que abarca todos os meus pequenos Vocês e mais do que apenas um Você universal? Esconde-se realmente mais alguma coisa por trás disso? Uma observação que me ajudou a descobrir o "Mais" do meu interior é a seguinte: nossa trajetória de vida se torna consciente para nós não como uma sequência desarticulada de episódios, mas como o desdobramento de um roteiro, de uma história, realmente nossa história de vida. Toda história quer ser contada. Quanto mais fico próximo de uma pessoa querida, mais sinto a necessidade de contar-lhe a história de minha vida. Mas aqui me deparo com um fato surpreendente: nunca poderei compartilhar por completo essa história, nem mesmo ao mais querido Você humano. Por mais que eu tente, no fim eu sinto com pesar: o mais importante parece não ter sido transmitido. Isso muda somente em relação ao meu Eu primordial, que participa de cada passo da história enquanto ela vai se desenrolando. Somente para o meu grande Você é que posso contar a história da minha vida e sentir que serei entendido. Rilke fala desse Você quando diz:

> Caminho sempre na sua direção
> com todo o meu caminhar;
> pois quem sou eu e quem é você
> se não nos entendemos?

Esse caminhar em direção ao meu Você interior é o meu relacionamento primordial, mesmo que eu só fique consciente dele, de modo gradualmente mais nítido, através da reflexão.

Ele vibra sempre que eu encontro um Você. A princípio isto poderia ser pouco mais do que um palpite, mas posso pensar a respeito e perceber o porquê de ser assim: meu Eu primordial é o coração do mistério, que, como disse Robert Frost, senta-se no centro, enquanto nós, especulando, dançamos em círculo ao redor. Assim, o grande Você é único e idêntico para todos nós. Podemos adotar a seriedade dessa percepção de modo tão profundo que ela determina nossa atitude em relação a todos os nossos semelhantes, mas, desde o início, ela já vibra subliminarmente.

Nada poderia ser mais importante do que cuidar da relação com o nosso Você interior. Deixe os cínicos afirmarem que o seu Você interior nada mais é que uma nova versão dos amigos imaginários com os quais as crianças muitas vezes fantasiam. Você pode nitidamente ver a diferença: o que sua imaginação inventa faz aquilo que você quiser. Mas o grande Você que lhe encontra em cada pequeno Você, no entanto, faz exigências a você – exigências sem palavras, mas consideráveis. Requer honestidade, reverência, lealdade...

Escutar nosso Você interior é crucial – não apenas para nossa própria clareza e consolidação interior, mas também para o bem-estar das comunidades às quais pertencemos. Quanto mais atentos estivermos ao nosso Você mais íntimo, mais intimamente nos sentiremos conectados aos outros e dispostos a compartilhar com eles, porque nosso Você primordial individual é, ao mesmo tempo, o Você primordial que é comum a todos nós.

Quanto mais internamente vivenciamos o pertencimento mútuo a outra pessoa — por exemplo, numa amizade íntima ou num amor maduro — de modo mais perceptível parece crescer nossa contraparte para além de si mesma. Nossa amada contraparte humana incorpora por nós o grande Você e isso se torna, para nós, determinante, no sentido pleno da palavra. Isso nos inspira a uma grandeza interior da qual nunca acreditaríamos ser capazes. Ambos os parceiros de um relacionamento tão profundo podem vivenciar isso mutuamente, porque olham um para o outro e ao mesmo tempo veem o grande Você.

É evidente que o amor lhes dá uma visão excepcionalmente clara no processo. No entanto, isto também pode ser aprendido através da prática. Quanto mais aprendemos a viver no agora, mais fácil fica ver o Você permanente no Você passageiro. Se aprendermos essa atitude, conscientemente o encontraremos não apenas naqueles que nos são próximos, mas em todos os nossos semelhantes, o Você que todos nós temos em comum; e o ponto decisivo é que isso marcará nossa atitude em relação a todos os outros. Ficará mais óbvio para nós, simplesmente por meio do nosso modo de viver, dizer "sim" a este pertencimento conjunto no grande Você. Mas isso é amor vivido.

A consciência da coletividade costuma ser muito mais nítida em um encontro Eu-Você do que em um encontro Eu-Isso. Mas também nas coisas — e sem dúvida também nos animais e plantas — nosso poeta encontra o grande Você, em direção a quem ele está sempre caminhando. Por isso, no mesmo poema em que ele fala sobre caminhar em direção a Deus, ele diz:

> Eu te encontro em todas estas
> coisas,
> às quais sou bom e como um
> irmão;
> nas pequenas, recebes o sol como
> uma semente,
> e, nas grandes, te dedicas
> grandiosamente.

É quase um olhar místico que permite ao poeta reconhecer o grande Você em todas as coisas. Também um místico da tradição hassídica do judaísmo, o rabino Yitzchak Berditchev, vê tudo com esse olhar:

> Aonde quer que eu vá – você!
> O que quer que eu veja – você!
> Em toda parte, apenas você,
>   sempre você. Você, você, você.
> Quando o sol brilha para mim –
>   você!
> Quando tudo chora dentro de
>   mim – você!
> Só você! O tempo todo, você!
>   Você, você, você.
> O céu, só você! A terra, só você!
> Você lá em cima! Você lá
>   embaixo!
> Para onde quer que eu me vire,
>   no começo e no fim,
>   Só você, pra sempre você!

Mas será que não estamos confundindo a distinção entre pessoas e coisas aqui? Não. Essa maneira de ver o mundo cura a fenda aberta da separação entre dois mundos – dois mundos que podemos distinguir, mas que não devemos separar: o mundo-Você e o mundo-Isso.

7

O Isso

Descobrir em tudo a magia da existência

Podemos observar o mundo a partir de dois ângulos diferentes. Na gramática, fala-se da perspectiva de segunda pessoa e da perspectiva de terceira pessoa. Conforme Ferdinand Ebner (1882-1931) e Martin Buber (1878-1965), vou denominá-las de perspectiva Eu-Você e de perspectiva Eu-Isso. Elas nos mostram duas diferentes visões do mundo e correspondem a duas diferentes maneiras de lidar com ele. Todos nós conhecemos a maneira típica de lidar com o mundo das coisas na perspectiva do Eu-Isso. Ele é abordado com uma atitude impessoal — semelhante ao modo como a ciência lida com seus objetos e como a tecnologia os utiliza para suas finalidades. Nessa perspectiva, nós nos entendemos como sujeitos e as coisas como objetos, os quais podemos conhecer dividindo-os nas partes que os compõem. Tentamos obter controle sobre eles, manipulá-los e torná-los úteis às nossas finalidades. Estamos acostumados a abordar a maior parte do mundo ao nosso redor com essa atitude impessoal.

Mas no meio desse mundo ao redor, dos objetos, há o mundo compartilhado dos encontros. Em contraste com o mundo Eu-Isso, esse mundo Eu-Você exige de nós uma outra conduta, mais pessoal, uma abordagem na perspectiva da segunda pessoa. Não se trata de manusear e utilizar objetos, mas de encontrar uma contraparte. Jamais conheceremos o mundo compartilhado observando-o e analisando-o objetivamente, mas sim nos envolvendo com ele em nível pessoal. Em todas as relações entre pessoas, isso exclui a manipulação e o controle e exige, em vez disso, reverência pela dignidade da contraparte em sua singularidade.

Quanto mais no tornamos conscientes da dignidade de cada contraparte humana, mais descobrimos também a dignidade das coisas como contrapartes. Mas isso está ficando cada vez mais raro. Estamos vivenciando hoje uma dupla catástrofe. Por um lado, permitimos que a perspectiva Eu-Isso prevalecesse em todas as nossas relações Eu-Você. Na seção sobre o "sistema" observaremos mais de perto a que isso nos leva. Por outro lado, não apenas fizemos uma distinção entre a perspectiva Eu-Você e a perspectiva Eu-Isso, como também as separamos violentamente. A totalidade do mundo se desintegra através dessa divisão extrema. Em todo lugar ao nosso redor, a natureza se torna um objeto e nos atrevemos a manipulá-la à vontade.

Mas quem já caminhou pelas montanhas, quem já experimentou o silêncio da floresta, ou mesmo quem tem uma árvore como amiga no parque, sabe que a natureza é mais do que apenas um objeto. Ao mesmo tempo, ela nos encara também como sujeito. Martin Buber descreve isso usando o exemplo de uma árvore, que ele começa a ver não como um objeto, mas como uma contraparte.

Eu observo uma árvore. Eu posso tomá-la como uma imagem [...] Eu posso senti-la como um movimento [...] Eu posso classificá-la em uma espécie e observá-la como um exemplar [...] como uma expressão das leis segundo as quais as substâncias se misturam e se separam. Posso [...] reduzi-la a uma pura relação numérica [...] Em todos esses casos, a árvore continua sendo meu objeto [...]

Mas também pode acontecer, por decisão e dom ao mesmo tempo, que eu, contemplando a árvore, me envolva na relação com ela e, então, ela não é mais um Isso [...] Ela tem a ver comigo e eu com ela – só que diferente [...] Relação é reciprocidade. Então teria ela, a árvore, uma consciência semelhante à nossa? Eu não experiencioisso[...]Nãomedeparo com nenhuma alma da árvore e nenhuma dríade (um espírito arbóreo), a não ser ela mesma.

O que ocorreu aqui? Será que o filósofo Martin Buber simplesmente projetou sua própria consciência nessa árvore e assim a personificou? Diante da pergunta sobre a consciência da árvore, Buber responde com modéstia: "Eu não experiencio isso". Não se trata, de modo algum, do que a árvore experiencia ou deixa de experienciar: trata-se do que nós experenciamos. Em um relacionamento, ficamos conscientes do que é se tornar incluído. *Relação é reciprocidade*. Nessa reciprocidade, porém, há mais do que essa única árvore em jogo, assim como no encontro com uma pessoa há mais do que esse único Você em jogo. Da mesma forma que encontro o Você Primordial no Você de outrem, também encontro na reciprocidade com o Isso de uma árvore o Isso Primordial, que já encontramos na expressão "há eu" – aquele Isso que dá tudo o "que é dado". Tal experiência se realiza, como diz Buber, *"através da decisão e do dom ao mesmo tempo"*. Ambos são necessários: que decidamos voluntariamente abrir nosso coração para essa experiência e que a recebamos como um dom. *"Tudo é graça"*, diz Agostinho, tudo é dom da vida. E a vida é a história de aventura de nossos encontros com o mistério, o qual "sabe" e "está sentado" no meio da ciranda cósmica, conforme ficamos sabendo há pouco por meio de Robert Frost. Podemos experimentar nossa relação com o grande mistério não apenas como uma relação com o Você Primordial, mas também com o Isso Primordial.

Encontros como esse que Buber experimentou com a árvore podem ser experimentados, não raramente, com animais. Qualquer pessoa que já tenha olhado fundo nos olhos de um cão ou gato sabe disso. Às vezes nos damos conta de uma relação mais profunda até mesmo com as plantas – assim como Buber com sua árvore. Quando tal encontro nos é dado, cura-se uma conexão rompida. A distinção entre os mundos Eu-Você e Eu-Isso permanece, mas começa-se a curar a separação violenta entre esses dois mundos de relações. No mundo ininterrupto em que, a partir de então, nos é permitido viver, ambas as perspectivas se imbricam e se fundem gradualmente. É claro que não devemos esperar que sejamos capazes de preservar o tempo todo uma atitude "Eu-Você" em relação aos animais, plantas e coisas.

Tampouco conseguimos fazer isso de modo ininterrupto com nossos semelhantes. Mas podemos sempre encontrar novamente nosso caminho de volta ao relacionamento correto e assim contribuir para a cura da ferida aberta que infligimos ao nosso mundo ao redor, porque não o tratamos concomitantemente como um mundo compartilhado, com o qual convivemos.

> Ainda assim, a existência nos encanta; em uma centena de lugares ela ainda é origem. Um jogo de forças puras, intocáveis por quem não se ajoelha e admira. Palavras ainda se estendem delicadamente ao indizível... e a música, sempre nova, com as pedras mais bambas, constrói no espaço inutilizável sua casa divinizada.

Para experienciar novamente o encantamento original da existência, da qual Rilke aqui fala, devemos aprender, em nossas relações Eu-Isso, nada menos que em nossas relações Eu-Você, a vislumbrar o grande mistério e a abordá-lo "de joelhos" – isto é, com reverência e admiração.

8

O sistema

Poder que destrói a vida

Para onde quer que olhemos, vemos hoje o oposto de um tratamento do Isso com reverência. O mundo Eu-Isso está cobrindo completamente o mundo Eu-Você em todas as áreas e alcançando o predomínio. As pessoas hoje em dia são cada vez mais controladas, manipuladas e exploradas como coisas, até mesmo vendidas como produtos.

Aldous Huxley, já em 1932, evocou um espectro assustador desse tipo de mundo. Em seu romance distópico *"Admirável Mundo Novo"*, que foi publicado pela primeira vez em alemão com o título "*Welt — Wohin?*" (Mundo — Para onde?), a dignidade humana é exatamente o oposto do que reconhece a sociedade dominante — o *estado mundial*, como Huxley a chama. Seus valores mais elevados são o conhecimento frio, o comportamento estritamente regulado e a eficiência da produção. A fim de se inculcar em tais valores, o mais cedo possível, nas crianças produzidas por clonagem seletiva em uma incubadora, estas são criadas em um centro de condicionamento onde se erradicam a autonomia, a vida emocional e qualquer relação pessoal afetuosa. No romance há um único personagem que fica indignado com isso e que se recusa a se tornar uma engrenagem nesse mecanismo; ele foge para a solidão, mas é descoberto por hordas de turistas curiosos e passa a ser observado por helicópteros. No fim, John se enforca por desespero diante de uma sociedade na qual as pessoas devem funcionar como máquinas. Huxley parece ter tido um presságio da mencionada destruição do mundo Eu-Você pelo mundo Eu-Isso, o qual, em nossos dias, tem se tornado realidade em proporções terríveis.

Que força está de fato impulsionando esse processo de declínio na sociedade? Na linguagem coloquial chama-se de "sistema" esse poder que destrói a vida. Inúmeros jovens e entusiasmados professores, estudantes de medicina e candidatos políticos com elevados ideais conhecem muito bem a impiedade do "sistema". Todos os dias eles têm que lutar contra isso, têm que defender sua vitalidade e seu idealismo contra a opressão implacável do "sistema". Não está nada evidente o que significa o termo "sistema" nesse contexto. Aqui é preciso ter cuidado. Não devemos, de forma alguma, equiparar o "sistema" com sistemas pedagógicos, médicos, políticos ou similares.

Afinal, todos esses sistemas podem melhorar a vida, se funcionarem bem. Só se tornam nocivos quando o "sistema" se apodera deles e os envenena. Não é espantoso que não enxerguemos essa distinção entre os vários sistemas e o "sistema", estritamente falando, que os acomete? Aqui confundimos o paciente com a doença – um sistema doente com o "sistema" que o está destruindo. Esse mal-entendido deve ser evitado a todo custo, pois acabará conduzindo nossas ações ao erro. Não devemos culpar e atacar o sistema doente, mas tentar libertá-lo do "sistema" que o adoece.

Queremos distinguir com cuidado. Sistema, no sentido geral da palavra, significa simplesmente "estrutura" — esta é a tradução literal do grego *sústēma* = construção estruturada de algo com diversas partes, funções ou relações mútuas. Nesse sentido geral, um sistema pode ter efeitos positivos ou negativos. A esse termo não há nenhum juízo de valor associado. Mas o "sistema", em nosso sentido específico, significa sempre uma estrutura com efeitos negativos. "Não se pode confiar no sistema": esse é um princípio que provavelmente todos nós já ouvimos muitas vezes. Ele adverte sobre o perigo de fazer amizade com o "sistema". Mas como normalmente não fazemos distinção entre os dois significados da palavra sistema, sempre corremos o risco de desconfiar automaticamente do sistema político, por exemplo, em vez de enfrentar nossa responsabilidade de melhorá-lo e protegê-lo da ameaça do "sistema". Mas o que é afinal o "sistema" e o que o torna tão poderoso?

De acordo com a definição do termo "sistema", também o "sistema" no sentido mais restrito deve se tratar de um princípio organizacional, que desejamos primeiramente determinar. Como pode influenciar muitos outros sistemas, é evidentemente um princípio superior que altera a estrutura e a dinâmica dos princípios subordinados. Em que consiste então essa alteração? Onde quer que o "sistema" ganhe influência, ele transforma sistematicamente as relações pessoais em relações impessoais. Relações Eu-Você se tornam relações Eu-Isso – pessoas são tratadas como coisas.

Assim, podemos imaginar o "sistema" como um tipo de sistema regulatório que pode se infiltrar em outros sistemas e desativar as relações positivas que há neles. Isso tem o mesmo efeito que o estado mundial no romance de Huxley, em que todas as formas de expressão de pertencimento e apreciação, tanto na vida pública como na privada, são banidas da sociedade. Mas como é que se pode chegar a uma configuração com tais efeitos? Huxley não nos conta como surgiu seu estado mundial. Mas nós queremos saber: como é possível que a monstruosidade a que chamamos de "sistema" possa surgir e se desenvolver?

Imaginemos que você sorria animado para o porteiro pela manhã em vez de passar apressado sem olhar para ele. O sorriso é contagioso. Ele sorri de volta e talvez sorria para os outros que passarem pela portaria. À noite, um pequeno reflexo do seu sorriso pode ter alcançado não apenas todos os que passaram pelo porteiro, mas também todos os que os encontraram consecutivamente e assim por diante, talvez até mesmo, depois de uma grande volta, retorne a você. O nível de amabilidade de todo o ambiente poderia aumentar um pouco. Mas também é possível que você evite o olhar do porteiro pela manhã. Passa rapidamente pela sua cabeça que ele poderia estar esperando por um sorriso, mas hoje você não se importa. O bom homem fica, de fato, um pouco decepcionado e, antes que o dia termine, seu pequeno descuido pelo mau humor terá desencadeado inúmeros outros descuidos semelhantes e espalhado a frieza. Não só isso, como essa frente fria também continua se espalhando, ainda que, na verdade, o que está se espalhando não seja nada além da falta de algo. Entretanto, isso pode acarretar ciclos de erros catastróficos. Onde deveria haver algo – o calor das relações humanas – abre-se agora um buraco. O "sistema" consiste em nada mais que tais buracos, que se uniram em um dano enorme: buracos e afundamentos profundos no pavimento das ruas das relações humanas.

Mas o que dá ao "sistema" seu tremendo impulso, se no fim das contas é "nada" o que está se espalhando? Por que ele não se esgotou já há muito tempo? O que o mantém avançando? Se é, afinal, uma configuração completamente impessoal, então como é que ela pode exercer poder sobre as pessoas e sobre relacionamentos pessoais com tal ímpeto? A mera falta de algo pode ter algum efeito? Na busca por uma resposta a essas perguntas, pode ser útil pensar em um pequeno, mas importante parafuso que, por um lapso, fica faltando em um motor de avião, algo que pode se tornar o destino fatal de centenas de pessoas. Da mesma forma, a falta de honestidade e confiança mútua pode ser a ruína de toda uma sociedade.

Como pode ser fácil, por falta de atenção, desperdiçar oportunidades de expressar e distribuir o calor das relações humanas mencionadas acima. Nesse nada, onde algo deveria estar, consiste nossa contribuição pessoal para a violência impessoal do "sistema". Todo encontro gira em torno da decisão de responder "sim" ou "não" ao convite da vida para fazer a contraparte sentir o pertencimento e a apreciação.

Infelizmente, também é fácil resvalar para o pavimento afundado pelo tráfego nas pistas do "sistema". Expressões idiomáticas às vezes expressam tais sulcos, que podem levar motoristas descuidados a derraparem. O comportamento corrupto torna-se uma expectativa e podemos repetir, talvez sem pensar e com um sorriso cínico, a máxima "Confiança é bom, mas controle é melhor", sem perceber o efeito devastador que tal manobra possa ter no trânsito entre pessoas.

Entretanto, tais descuidos não são a única maneira de fornecer energia pessoal ao "sistema" impessoal. Há sempre alguns que – por egoísmo e miopia – veem uma vantagem em explorar pessoas como objetos para seu próprio benefício e, assim, dão ativamente ao "sistema" uma base de apoio a partir da qual ele pode se espalhar. O que falta aqui é a visão do todo, que nos dá um sentido saudável de coesão social. Sua falta é extremamente perigosa, pois, a longo prazo, um mundo sem mútua confiança, cuidado e amor, destrói-se a si mesmo.

Todavia, além desses poucos que se beneficiam do "sistema", há inúmeros outros que evidentemente sofrem com o "sistema" e, contudo, o apoiam, mais precisamente para se esconderem atrás dele. Eles fazem do "sistema" um bode expiatório, em vez de se revoltarem contra ele. Não nos sentimos todos de vez em quando tentados, por preguiça, a ficar confortáveis desta forma?

Mas o que significa se revoltar contra o "sistema"? Isso exige primeiramente que fiquemos atentos procurando reconhecer exatamente os efeitos do "sistema" na vida pública e que fazer algo a respeito — petições, protestos, manifestações, greves, boicotes. Nisso devemos ter sempre em mente que não estamos acusando este ou aquele sistema como tal, mas sim sua corrupção através do "sistema". Também não estamos atacando os ricos ou poderosos, mas exigindo o fim das ações corruptas. Todos aqueles que exercem o poder no "sistema" são, no fim das contas, suas vítimas. Apesar de se beneficiarem dele, eles anseiam — de modo consciente ou inconsciente — serem libertados de seu amor pelo poder, por meio do poder do amor.

Isso aponta para uma segunda forma de se revoltar contra o "sistema". Ela não é tão visível como a anteriormente mencionada, mas é pelo menos tão importante e consiste em dar testemunho do "sim" vivido ao pertencimento – ou seja, ao amor. Afinal de contas, o "sistema" não contém nada além de buracos nos quais faltam relações pessoais. Mas no mundo não faltam testemunhas do amor que, em sua vida cotidiana, discretamente, permanecem preenchendo essas lacunas. Inúmeros homens, mulheres e crianças fazem a coisa mais importante da vida todos os dias em segredo: estendem a amabilidade a todos que encontram. Eles fazem com que pessoas abatidas se tornem conscientes de sua dignidade humana, simplesmente permitindo-lhes sentir: "Alguém se preocupa comigo!"

Mas os sorrisos amigáveis por si só não podem fazer isso. A resistência contra o "sistema" requer uma estratégia orientada taticamente e um empenho corajoso. E a amabilidade nunca deve se tornar uma estratégia. Mas a estratégia também deve ser capaz de sorrir de forma amigável para atingir seu objetivo.

O "sistema" não pode sorrir. Ele não se importa com ninguém. Pra ele é tudo indiferente.

Afinal, estamos lidando com uma estrutura de poder completamente impessoal, embora possa parecer ser controlada por um insano detentor do poder. Em sua essência, o "sistema" é impessoalidade ilimitada – o epítome de um nada vazio e com poder mortífero. Onde penetra, destrói a consciência de pertencimento mútuo e o reconhecimento da singularidade pessoal – os dois requisitos da dignidade humana. Revoltar-se contra o "sistema" significa – em poucas palavras e de forma positiva – defender a dignidade humana. A dignidade humana, em última instância, brota da reverência ao mistério.

9

Mistério

Quando a realidade
nos "apreende"

Por mistério entendemos uma realidade que não podemos captar conceitualmente, mas que podemos entender através do efeito que tem sobre nós. Isso pode parecer um tanto abstrato, mas prova ser bastante concreto em um exemplo com o qual todos estamos familiarizados: o exemplo da música. A essência da música não pode ser sintetizada em termos, não podemos compreendê-la, não podemos tomar as rédeas dela intelectualmente. Ainda assim — aí reside o mistério – podemos entender a música, desde que ela nos agarre e nos comova.

A diferença entre "compreender" e "entender" é de grande importância. Aqui encontramos novamente uma dessas distinções que são essenciais para uma nítida orientação. T. S. Eliot fala da "música que se ouve tão profundamente, que nós não mais a ouvimos, senão somos a música enquanto a música tocar". Somente através da emoção é que entendemos a música, bem como somente em momentos de emoção é que entendemos o mistério. Ambos nos são dados de presente: só temos que nos deixar levar voluntariamente. "Conceitos nos tornam conhecedores, a emoção nos torna sábios", diz o grande místico medieval Bernardo de Claraval (1090-1153). A sabedoria é o objetivo de nossos esforços de orientação. Além disso, no fim, será a respeito de nossa relação com o mistério.

Em nossas considerações sobre nosso eu, já nos deparamos com o fato de que ao dizermos Eu pressupõe-se um Você, o qual é marcado por nossas experiências como Você de outras pessoas, mas que vai além disso. Não podemos localizar este Você primordial no espaço e no tempo. Ele representa uma dimensão mais profunda de nosso cotidiano, que podemos experimentar cada vez mais nitidamente pela prática.

Tudo isso também se aplica à nossa relação com um Isso primordial, ao qual nos referimos toda vez que dizemos: "Há...". Estranho que dificilmente ocorra a alguém perguntar pelo Isso, que dá isto e aquilo e tudo mais. O Isso também me dá minha própria existência, porque o "Isso me dá"[1]. Ao mesmo tempo, o Isso também me dá a todos os outros. Mas o fato de que falamos aqui sobre "dar" indica que tudo o que é dado é um presente, um dom. É graças ao Isso primordial que existimos, pois nos dá ao mundo; e é graças ao Você primordial que podemos nos entender pessoalmente como Eu. Tanto o Você primordial quanto o Isso primordial são realidades — ou aspectos diferentes de uma mesma realidade — que podemos entender, mas não compreender — ou seja, aspectos do grande mistério.

Há três questões existenciais que nós, humanos, não podemos contornar. Mais cedo

---

1 Na língua alemã, o verbo "há" se traduz na expressão *"es gibt"*, que literalmente pode ser vertida como "isso dá". No inglês, a expressão equivalente *"there is"* significa, ao pé da letra, "aí está" [N.T.].

ou mais tarde teremos que confrontá-las: "Por quê?", "O quê?" e "Como?" Todas as três nos conduzem ao mistério – a um entendimento do incompreensível.

A pergunta "Por quê?" – qualquer que seja o assunto a que ela se refere – pode talvez revelar alguns motivos superficialmente satisfatórios a princípio. Mas podemos continuar questionando tais respostas com novos "Por quê?", buscando cada vez mais a fundo, assim como as crianças na idade questionadora ficam sempre perguntando. As crianças são filósofos natos, até que a escola as desestimule a fazer "perguntas estúpidas". "Por que é que há algo em vez de nada?" Esta seria uma dessas questões. Este último "por quê?", ao buscar pelo motivo, revela um abismo insondável – o abismo do nada, acima do qual tudo paira. A resposta final ao "por quê?" é o silêncio – um silêncio que não compreende, mas que entende, em reverência diante do mistério.

Se então abordarmos as inúmeras coisas que existem com "o quê?" e perguntarmos: "O que é isto e isto e isto?", logo nos deparamos novamente com o mistério, desta vez não como silêncio, mas como palavra. Só precisamos prosseguir com o nosso "o quê?" pelas listas artificiais de classificação até o ponto em que as coisas nos levem à admiração por sua singularidade original. Gerard Manley Hopkins (1844-1889) apresenta isso em um inglês maravilhosamente condensado, que só pode ser traduzido de forma rudimentar:

> Cada objeto transitório faz
> somente uma única e mesma
> coisa:
> mostra o que é profundamente
> inerente a ela;
> ele se empropria — nomeia-se,
> expressa-se a si mesmo,
> anuncia, eu sou eu mesmo: é só
> por isso que estou aqui[2].

Quando perguntamos "o quê?", cada objeto nos anuncia, por assim dizer, seu próprio nome exclusivo e não espera que nós lhe demos um: *"ele se empropria"*. Hopkins teve que cunhar uma nova palavra para expressar isto. Os objetos "soletram" seu Si-mesmo, conforme ele diz, eles nos chamam com todo o seu

---

2 O poeta faz um neologismo ao criar o verbo *selbsten* (empropriar) a partir da palavra *selbst* (próprio, mesmo) [N.T.].

ser, mas não podemos compreender a palavra que é cada objeto em seu mais íntimo. Ela escapa do acesso por meio de qualquer conceito. Somente se nos deixarmos levar por ela é que poderemos entendê-la. Assim, a pergunta "o quê?" também nos leva ao fundo do mistério.

Nossa terceira pergunta fundamental, "como?", também faz isso. Ela quer entender o que está acontecendo realmente quando "algo se desenrola". E ela quer entendê-lo de dentro para fora – de fora, um processo pode ser apenas analisado conceitualmente, mas não entendido. A experiência interna nos mostra cada processo como uma vivência. No fim, com este "como?" queremos saber, portanto, como sucede realmente quando vivenciamos algo. Como então? Unicamente vivendo. Embora, por experiência, entendamos muito bem "como se vive". A vida se vive em nós, diz o ditado! No entanto, não temos nenhuma entrada conceitual para essa percepção. A vida não pode ser forçada a se enquadrar na lógica. E, assim, a pergunta básica "como?" acaba nos levando a um domínio que podemos entender, mas não compreender – o mistério.

"Por quê? O quê? Como?" – Essas três perguntas, portanto, quando as fazemos com persistência suficiente, nos conduzirão ao mistério, mas de três maneiras diferentes. O "por quê?" questiona sobre as raízes, a origem de tudo e, assim, nos conduzem ao abismo inefável do ser – ao mistério como silêncio. O "o quê?" questiona sobre a essência mais íntima das coisas e, no fim, descobre ouvindo-a da forma misteriosa, em que cada coisa enuncia sua unicidade na qual ela se *empropria* – o mistério como palavra. O "como?" questiona sobre o aspecto dinâmico, sobre a força que impulsiona a vida. Mas essa força só pode ser observada do exterior. Só podemos entendê-la experienciando-a em nós mesmos, "vivendo a vida" – o mistério como entender-fazendo. Neste livro, leitoras e leitores atentos voltarão a encontrar, em variações sempre novas, esses três caminhos para acessar o mistério.

Silêncio, palavra e entender-fazendo são palavras-chave fundamentais e imprescindíveis para encontrarmos sentido. Toda palavra autêntica deve vir do silêncio, caso contrário, é apenas um falatório. Se recebermos essa palavra em silêncio e a escutarmos com atenção profunda, ela nos apanhará e, comovendo-nos, nos moverá a responder-lhe por meio da nossa ação. É isso, aliás, o que significa obediência, quando corretamente entendida. Pela escuta atenta intensiva — afinal, escutar é a forma intensiva de ouvir — mostramo-nos prontos para fazer o que a palavra exige e chegamos, pela ação, ao entendimento. Assim, a palavra que nos comoveu nos conduz de volta ao silêncio do qual ela emergiu. Você reconhece nesse movimento nossa "dança de roda"? Nenhuma surpresa. Afinal, essa tríade de orientação formada por silêncio, palavra e entender-fazendo refere-se, em última instância, àquilo *do que se trata tudo isso* — e esse é o mistério.

A palavra alemã *Geheimnis* (mistério ou segredo) tem o mesmo radical de *geheim* (secreto), que significava originalmente "pertencente ao lar". Um segredo ou mistério designa então aquilo que é entendível para a própria comunidade do lar, mas que permanece não entendível para estranhos ou pessoas alheias, ou seja, é "secreto". A palavra é adequada para se referir ao indizível que tudo conecta, aquilo que nós humanos, no fundo, conhecemos, mas que só se torna consciente na medida em que pensamos, sentimos e agimos como membros do Domicílio Terra, que tudo engloba. Esse tipo de pensamento nada mais é do que o bom-senso e é chamado de "senso de lar" no sul da Alemanha: pessoas espiritualmente saudáveis entendem o cosmo misterioso em que vivemos como seu lar, sua casa. E esse entendimento determina como elas vivem: orientam-se pelo seu pertencimento ao Domicílio Terra e nele se sentem em casa. É por isso que eles não têm medo e são confiantes, pois *"Nada há que possa assustá-lo e você está em casa"*, conforme o poeta Werner Bergengruen (1892-1964) expressa sua confiança de que, no mistério insondável, estamos jogando em casa. As palavras-chave Você, Eu e Isso indicam três aspectos diferentes de nossa ancoragem no mistério: em sua profundidade, sua amplitude e sua dinâmica.

1. A relação com o Você primordial ancora minha vida no mistério como profundidade — como manancial de possibilidades ilimitadas, do qual brota tudo o que existe. A profundidade inclui também a ideia de quietude. C. S. Lewis entende o mistério como um *"abismo profundo demais para um eco"*, mistério esse que Gerhard Teerstegen (1697-1769) considera como nosso mais profundo Você:

Ar que preenche tudo, no qual
sempre flutuamos,
base e vida de todas as coisas,
mar sem fundo e sem fim,
maravilha de todas as maravilhas:
Eu me afundo em ti.
Eu em ti, tu em mim,
deixo-me desaparecer
completamente,
apenas te ver e te encontrar.

2. Se agora olhamos à nossa volta em quietude e somos tomados pela admiração de que tudo existe, então o mistério se abre para nós como uma amplitude – como a inesgotável plenitude do ser, brotando do manancial. Esta amplitude é tão ilimitada em suas possibilidades quanto na profundidade da qual ela brota. Para onde quer que nos voltemos, por toda parte "há algo" e algo mais e mais, e eu também sou um entre eles, pois também "há eu": o mistério me dá a mim mesmo e ao mundo, como já vimos. Em tudo o que há, o mistério se torna um dom, ele se oferece em todas as coisas. É por isso que Rilke pode abordar o mistério como "coisa das coisas".

Tu, presente ilimitado
[...] que alguém te segure
e tua queda
salte com as mãos para o alto para
pegar,
você, coisa das coisas.

3. É exatamente disso que se trata a terceira relação com o mistério: do silêncio veio a palavra e minha resposta a ela é meu "saltar para pegar". Além das duas circunstâncias básicas de *profundidade* do silêncio e de *amplitude* do mundo como palavra, para mim há uma terceira, isto é: a *dinâmica* da minha resposta. Enraizado no Você, que me torna Eu, e aberto a tudo o que existe, que o Isso dá, sou novamente desafiado, a cada momento, a responder ao mistério.

Responder, aqui, significa corresponder às exigências do momento, agindo com retidão. Por trás dessa profunda expressão "com retidão" está a imagem do esquadro de um carpinteiro. Assim como o construtor coloca as vigas verticais em ângulo reto em relação às horizontais para que o todo não fique torto, também eu me alinho com o mistério quando eu correspondo com retidão às exigências da vida em dado momento. Este "corresponder com retidão" por meio do alinhamento com as exigências da vida é o processo tremendamente dinâmico da minha autorrealização: o processo de me tornar um ser humano correto e justo. Retidão e justiça aqui significam muito mais do que respeitar as regras do jogo. Formam a atitude de uma pessoa que se mantém correta em todos os aspectos.

No meu mais íntimo, eu sei – e a vida me mostra isso novamente a todo momento: o mistério "quer algo" – tem uma "propensão". *"O arco do universo moral é amplo, mas se inclina na direção da justiça"*, disse Martin Luther King, o mártir admirável dessa luta por justiça. Minha relação mais profunda com o mistério me diz que estou colocado neste universo moral para dar minha contribuição – a fim de concretizar a justiça.

A dinâmica do ser tem como objetivo a justiça. Concretizar essa justiça em nossas relações com o mundo compartilhado e o mundo ao redor é um desafio extraordinariamente difícil para nós seres humanos. Ela exige que nos realinhemos constantemente com a vida na complexidade de seus detalhes. Nessa tarefa, é útil ter pelo menos uma orientação clara — reconhecer a justiça como objetivo e saber que o mistério que nos conecta intimamente uns aos outros nos coloca esse objetivo. O quanto conseguimos atingir desse objetivo é menos importante do que a postura de nos esforçarmos incessantemente por ela, com vontade ardente.

Em seu texto *"Mein Glaubensbekenntnis"* (Minha profissão de fé), Albert Einstein (1879-1955) também falou sobre seu encontro com o mistério. Ele escreveu esse texto em setembro de 1932 para a "Liga Alemã de Direitos Humanos".

> A coisa mais bela e profunda que
> o ser humano pode experimentar
> é o sentimento do misterioso.
> Nele se baseia a religião,
> bem como todo esforço mais
> profundo na arte e na ciência.
> Qualquer pessoa que não tenha
> experimentado isso me parece,
> se não um homem morto, pelo
> menos um homem cego. Sentir
> que por trás do que vivenciamos
> esconde-se algo inacessível ao
> nosso espírito, cuja beleza e

sublimidade só nos alcançam indiretamente e em vago reflexo — isso é religiosidade. Nesse sentido, eu sou religioso. Para mim é suficiente sentir esses mistérios com admiração e tentar captar, com humildade, uma imagem opaca da sublime estrutura da existência.

10

A vida

Lugar do encontro com o mistério

O "misterioso", conforme Einstein denomina o mistério, nos encontra no amplo domínio a que chamamos de vida. É por isso que essa palavra-chave é tão importante para nossa orientação. O encontro com o mistério acontece quando aprendemos a vivenciar, entender e celebrar a vida da natureza — a "sublime estrutura da existência" de Einstein — mas também quando nos despertamos para a consciência de nossa vida pessoal. Aqui iremos observar essas duas tarefas separadamente, mas queremos lembrar constantemente que nossa própria vida está inseparavelmente inserida na vida de toda a natureza. Nesses dois domínios da vida encontramos o grande mistério. Se entendermos isso e não esquecermos, então não pronunciaremos a palavra vida sem ao mesmo tempo associar a ela o significado de mistério.

Queremos começar a partir da nossa relação com a vida da natureza. Há um termo adequado para o entendimento dos processos da vida na natureza e a aplicação de seus princípios às comunidades humanas: o *ecoletramento*. Às vezes é traduzido como *consciência ecológica*, mas também ecoa o significado de que os não iniciados no assunto agora devem ser considerados como analfabetos. O físico e teórico de sistemas Fritjof Capra (1939) cunhou esse termo e ensina que a natureza funciona de acordo com três princípios básicos: interconexão, reaproveitamento e dependência da energia solar. Ele mesmo expressa desta maneira: "A forma básica de organização da vida é a interconexão. A matéria circula constantemente por meio da rede da vida. Todos os ciclos ecológicos são mantidos pela [...] energia solar".

Tornar-se eco-consciente no sentido do *eco-letramento* é a tarefa mais urgente para a humanidade de hoje. Nossa sobrevivência como espécie depende de tomarmos a natureza como modelo para a configuração de nossas comunidades, de nossas instituições sociais e de nossas tecnologias. O treinamento de nossa consciência ecológica primeiramente nos transmitirá percepções intelectuais, mas deve também envolver nossa vontade e nossas emoções. Isso exige que nos informemos bem sobre a natureza e seus princípios de vida. Entretanto, as informações devem levar à ação e isso só pode ser alcançado por meio de um compromisso pessoal voluntário e determinado. Sobrepor as lacunas entre conhecimento e ação é o passo decisivo e, ao mesmo tempo, o mais difícil. Diz-se, com razão: "Não basta saber, precisamos também fazer". A vida pessoal e social só pode florescer se estiver em sintonia com a harmonia da vida da natureza — o caminho alternativo é a autodestruição.

Se agirmos com responsabilidade, a natureza nos recompensa com vida em abundância. A alegria das crianças aprendendo a consciência ecológica — cuidando de sua própria horta escolar — sentindo o cheiro do solo úmido; deixando as sementes passar por entre os dedos e plantando-as no solo; vendo as plantinhas brotarem e crescerem; e, finalmente, fazendo um banquete com os legumes que elas mesmas plantaram — essa alegria complementa o enriquecimento do conhecimento e o fortalecimento da prontidão para o compromisso, por meio do terceiro aspecto, o aspecto emocional do *ecoletramento*. Tal alegria de viver poderia ser oferecida a toda a nossa sociedade. A Terra está pronta para se tornar um jardim cheio de delícias para todos aqueles que dispõem de conhecimento suficiente e que demonstram compromisso suficiente para colocar em prática, na vida social, os princípios de vida da natureza.

O que vimos aqui em relação à vida em grande escala naturalmente afeta também nossa vida pessoal, pois estamos inseridos em inúmeras redes da natureza e da sociedade, de cujo funcionamento depende nossa prosperidade. Em nosso esforço para encontrar uma orientação, vamos agora olhar para a palavra-chave "vida" em uma escala menor e perguntar: do que se trata a minha vida pessoal, meu currículo? A resposta mais curta que vale para todos nós é: trata-se de desenvolvimento.

Podemos entender nossa história pessoal de três maneiras diferentes, que são sugeridas por três significados da palavra desenvolvimento. Em primeiro lugar, desenvolvimento indica o processo de crescimento que é comum a nós e a todos os outros seres vivos — como, por exemplo, o modo como as pétalas envoltas na espata do botão se desdobram e se desenrolam. Mas o desenvolvimento também pode significar um enriquecimento gradual, por exemplo, quando desenvolvemos nosso vocabulário ou nosso círculo de amigos em redes sociais. E o dicionário nos dá um terceiro sentido de desenvolvimento como uma revelação de fotos, ou seja, "o processo de tratamento de filme fotográfico com produtos químicos para obter uma imagem visível". Este terceiro significado se presta bem a retratar o desenvolvimento de um verdadeiro autoconhecimento.

Para amadurecer até à plena doçura, é necessário que nós, humanos, experimentemos o crescimento, o florescimento, a maturidade e o declínio de nosso desenvolvimento corporal, com todos os sentimentos alegres e tristes que são desencadeados por ele, do modo mais bem desperto possível. Isso nos ajuda, ao mesmo tempo, a desenvolver um tesouro de experiência de vida, à medida que ampliamos, fortalecemos e aprofundamos todas as nossas relações nas diferentes redes às quais pertencemos. Junto a isso, pode-se chegar a algo semelhante ao que acontece no laboratório fotográfico – torna-se visível para nós uma imagem de nós mesmos, que antes era invisível. Poderíamos talvez até transformar a imagem negativa que às vezes temos de nós mesmos em uma imagem positiva?

Cada um desses três tipos de desenvolvimento nos conduz, no decorrer de nossas vidas, a um profundo mistério. Em cada passo de nosso desenvolvimento natural, ao crescermos, florescermos e morrermos – sim, morremos muitas vezes no decorrer da vida –, experimentamos o mistério como a fonte insondável de nossa vitalidade. Todos os encontros pelos quais se desenvolvem as diferentes comunidades às quais pertencemos são também, em última instância, uma expressão de nossa relação com o grande mistério, porque por trás de cada Você humano está o grande Você misterioso. Finalmente, também desenvolvemos um verdadeiro autoconhecimento por meio do encontro com o mistério. Nossa grande tarefa na vida é: *"Conhece-te a si mesmo!"* Não podemos cumpri-la ouvindo o julgamento dos outros, mas apenas espalhando nossa história de vida diante do grande Você. Somente à luz do mistério — somente diante do nosso grande Você — é que podemos reconhecer nosso Eu e aceitá-lo como ele é.

11

Deus

O misterioso
"mais-e-cada-vez-mais"

Tudo o que foi dito sobre o mistério também se aplica a "Deus". As duas palavras significam o mesmo. Isso não pode ser esquecido. Mas, na maioria das vezes, há vantagens em se chamar de mistério a realidade última, já que há dificuldades no uso da palavra "Deus" que devem ser levadas a sério. Muitas pessoas têm dificuldade de desaprender aquela ideia enganosa de Deus como o "Papai do céu", que lhes foi ensinada na infância. Ou então elas não conseguem esquecer o que já foi feito "em nome de Deus" ao longo da história. Elas têm alergia à palavra "Deus" e prefeririam nunca mais ouvi-la novamente. Se você é uma dessas pessoas, então, ainda assim, peço que continue a leitura. Talvez consigamos fazer uma abordagem completamente nova. Considerando a sociedade como um todo, poderá haver perigosas fragmentações caso grupos específicos se apeguem obstinadamente ao seu respectivo conceito de Deus e queiram impô-lo a todos que têm um conceito diferente. Porém "Deus" pode se tornar uma palavra-chave importante para nossa orientação se nos esforçarmos para entender o que se quer dizer com isso. E é isso que queremos tentar fazer aqui.

Em alemão, a palavra "Deus" (*Gott*) teve origem no início da história do idioma e remonta à raiz indo-germânica *gheu*, que significa basicamente "chamar". Assim, "Deus" foi originalmente entendido como "aquele que é chamado", talvez também "aquele que nos chama". Em qualquer caso, a palavra "Deus" ressoa desde o início com a reciprocidade de um relacionamento Eu-Você. Ao mesmo tempo, o gênero gramatical da palavra era originalmente neutro e assim reduziu-se o perigo de se humanizar a Deus – o grande mistério. Ainda hoje, há povos e tribos que preservaram ideias religiosas que eram bastante difundidas nas culturas pré--históricas. As pesquisas de campo antropológicas mostram que elas frequentemente adoram a personificações de forças naturais, como tempestades ou relâmpagos. Ainda assim, reconhecem também um poder supremo, superior a esses "deuses", ao qual se referem de modo menos imagético. Por exemplo, o chefe Luther Standing Bear (1868-1939) quando diz: "Do *Wakan Tanka*, muitas vezes traduzido como grande mistério, veio uma poderosa força vital unificadora que fluía para dentro e através de todas as coisas". Black Elk (1863-1950) fala da nossa relação com essa força e da grande "paz interior que reina nas almas dos homens quando se dão conta de sua relação, de sua unidade com o universo e todas as suas forças". Mas ele foi um passo além e falou dessa relação como sendo, ao mesmo tempo, pessoal. Ele enfatizou a paz que as pessoas vivenciam "quando reconhecem que, no centro do universo, habita o grande espírito; e, já que este centro está em toda parte, ele também habita dentro de nós".

A percepção de que temos uma relação pessoal com essa força vital corresponde à significativa descoberta de que o grande mistério é o nosso grande Você. Com a palavra Deus nos referimos ao grande mistério ao o abordamos como Você. A palavra Deus indica a realidade sem nome que permanece conceitualmente inconcebível, mas com a qual nossa consciência humana está em seu relacionamento pessoal mais profundo – nosso Você-Primordial. A intimidade dessa relação – por exemplo, com os grandes místicos de todas as tradições – é uma das mais elevadas possibilidades de desenvolvimento que a vida dá a nós, humanos. Os místicos nunca esquecem que, por toda a proximidade calorosa da intimidade, Deus permanece sendo o mistério incompreensível. Se esquecermos isso, a palavra Deus facilmente se torna o nome de uma divindade suprema e podemos cair, sem nos darmos conta, em ideias que realmente queremos evitar. Rilke diz sobre esse processo: *"Nossas mãos piedosas te encobrem tantas vezes quanto nossos corações te veem aberto"*.

O gosto por imagens e nomes para Deus pode enriquecer imensamente nossa vida interior – o misticismo islâmico evidencia isso. Mas *aferrar-se* a tais imagens e nomes continua sendo um perigo constante. Como os apaixonados que estão sempre inventando novos nomes um para o outro, podemos celebrar nosso relacionamento com Deus usando inúmeros nomes de Deus, desde que "peguemos leve". Mas o apego fixo a ideias ameaça nosso relacionamento pessoal com Deus, que só pode prosperar se permitirmos que o inimaginável nos agarre reiteradamente, de maneiras novas e diferentes. Além disso, a ênfase demasiada em nomes e imagens de Deus leva rapidamente a desavenças entre nós, porque esquecemos facilmente que todos eles apontam para uma única e *poderosa força vital unificadora*. A Bíblia Cristã (Atos 17,28) diz que nós "vivemos e tecemos e somos" em Deus – não apenas como peixes na água, mas como gotas no mar. E, no entanto, não nos dissolvemos nesse "mar" como em algo impessoal. Somos com ele um só e, ao mesmo tempo, temos com ele uma relação pessoal – como com o grande Você do nosso pequeno Eu.

Mestres budistas usam com frequência a imagem do oceano e das ondas para falar de como emergimos do mistério ao nascer e a ele voltamos na morte. Uma vez pedi a Eido Shimano Roshi (1932-2018), um dos meus mestres Zen, que esclarecesse um mal-entendido que essa imagem muitas vezes causa. Agora, "como ondas", temos uma consciência com muitos aspectos positivos — tais como autoconfiança, senso de responsabilidade, empatia. Devemos perder tudo isso e ser absorvidos por um oceano impessoal? Sua resposta foi uma pergunta de volta: "De onde a onda conseguiria todas essas boas qualidades se o próprio oceano não as tivesse?"

Deus designa o aspecto pessoal do mistério, como já dissemos, mas isso não significa que Deus seja "uma pessoa", no sentido em que usamos essa palavra hoje. Deus, o grande mistério, "o oceano", deve ter tudo o que enriquece o ser da pessoa, mas nenhuma das *limitações* que associamos ao termo pessoa. Por exemplo, uma pessoa não pode ser outra pessoa ao mesmo tempo, mas Deus é o Você que encontramos em todas as pessoas, em variações sempre novas. Sim, encontramos Deus não só nas pessoas, mas em tudo o mais que existe. Com "Deus" invocamos o grande mistério e no grande mistério está ancorado não apenas nosso relacionamento com o Você Primordial, mas também com Isso-Original. Já nos deparamos com isso na seção sobre o mistério. E uma vez que encontramos o mistério sobretudo em nosso próprio mais profundo íntimo, o monge e místico cristão Thomas Merton (1915-1968) pode dizer com razão: *"Deus não é outra pessoa"*. Aqui novamente encontramos o mais misterioso: estamos intimamente unidos ao mistério, mas, ao mesmo tempo, estamos em relação com ele. Nosso Eu íntimo — nosso Si-mesmo — faz parte do mistério — ou seja, de Deus; mas, ao mesmo tempo, Deus é nosso grande Você.

A ideia de que devemos "amar a Deus acima de todas as coisas", como se ouve dizer às vezes, é completamente errada. Deus não é algo complementar. Quem ama de verdade, ama a Deus — ainda que muitas vezes de modo inconsciente. O amor autêntico não é um possuir-querer egoísta. Quanto mais profundo e mais apaixonado for esse amor autêntico, mais perfeitamente ele é, ao mesmo tempo, o amor de Deus.

Crianças de todas as gerações sempre reinventam a brincadeira do "Me segura, papai!" e jogam-se nos braços estendidos de uma pessoa em quem tem uma confiança ilimitada. Essa pessoa incorpora a vida, o mistério, Deus, embora não estejamos, de maneira alguma, conscientes disso. Como adultos, podemos repetir essa brincadeira de modo bastante consciente, toda vez que demonstramos confiança na vida – por meio da alegria da descoberta nos encontros com a natureza e com a cultura, por meio da coragem do amor e da amizade ou ousando de alguma forma ao mais além. Ao fazermos isso, acabamos expressando confiança em Deus, pois por trás de tudo o que nos inspira na vida esconde-se sempre mais: o "*mais*" a que chamamos de mistério. Por isso, é possível que a grande teóloga Dorothee Sölle (1929-2003) denomine Deus de "o mais" – o "mais-e-cada-vez-mais", poderíamos dizer.

Quando usamos a designação Deus neste sentido, ela se refere ao misterioso "mais" que nos arrebata toda vez que somos tomados pelo entusiasmo. Os estraga-prazeres que destroem qualquer entusiasmo com seu "Isso não é nada mais que..." têm sempre algo de lamentável em si. Falta-lhes a visão do brilho mais profundo da vida e, assim, também aquele entusiasmo radiante que tal visão profunda suscita. A palavra grega "entusiasmo" refere-se literalmente ao "Deus no interior" (*"en theos"*).

Em nossa relação com Deus, tudo depende dessa animação. Para os que creem, o entusiasmo pode fazer florescerem as crenças mais infecundas; mas também os ateus, muitas vezes, são extraordinariamente capazes de se entusiasmar. É provável que um ateu, em seu autêntico entusiasmo, não vá querer chamar o "mais-e-sempre-mais" de Deus. Mas precisamos mesmo insistir em uma palavra — precisamente a palavra Deus? As palavras muitas vezes nos dividem; o que nos une é a experiência. Na vida sempre nos deparamos com o "mais", o mistério entusiasmante que podemos chamar — se quisermos — de "Você" e "Deus". Esse fato é algo da experiência, não uma projeção.

As ideias projetadas de Deus, infelizmente, são bem comuns. Há dois tipos básicos: um Papai Noel cósmico superdimensionado e um *super policial* com as mesmas dimensões colossais. Esses dois podem até fundir-se um com o outro. Essas duas projeções podem desviar e distorcer o relacionamento que uma criança desenvolve com o grande Você. Quando o grande Você usa a máscara do superpolicial, a criança pode ter que lutar com a culpa e o medo para o resto de sua vida. E quando a imagem de um Papai Noel realizador de desejos tomar o lugar do grande Você na imaginação da criança, uma experiência amarga levará mais cedo ou mais tarde ao grito: "Como pode um Deus que ama fazer tais coisas?" Em ambos os casos, uma relação genuína com Deus será perdida.

O desenvolvimento de um relacionamento saudável de uma criança com o grande Você dependerá, em grande medida, de como se formará seu relacionamento com o pequeno Você que for determinante. Para os pais, isso significa a difícil tarefa de não cair no papel do superpolicial nem do Papai Noel. Será, acima de tudo, uma questão de demonstrar à criança seu relacionamento pessoal com Deus e, desse modo, levar a sério e incentivar um relacionamento espontâneo com Deus. Deixar as crianças, a partir de sua própria experiência de Deus, falarem com Deus à sua maneira é muito melhor do que controlar sua visão com imagens pré-definidas de Deus.

Eido Roshi apontou a mesma coisa quando disse: *"Não é possível falar de Deus — em perfil, por assim dizer — mas somente com Deus, face a face"*.

Contudo, ele não enunciou essa percepção profunda como budista ou sequer do ponto de vista da religião, mas sim baseado na sabedoria de uma religiosidade que é comum a todos os corações humanos. As duas palavras-chave mencionadas aqui, religiosidade e religião, entretanto, são tão importantes para nossa orientação espiritual que devemos agora dedicar a cada uma delas uma seção separada.

12

Religiosidade

O que nos conecta e cura

Por uma questão de elucidação, primeiro vamos tratar aqui da religiosidade. A seguir, tentaremos mostrar como a religiosidade leva à religião. Por fim, iremos examinar como a religiosidade se expressa nas diferentes religiões. Muitos dos que buscam preferem denominar de espiritualidade aquilo a que estamos nos referindo como religiosidade. Com isso, eles expressam uma certa resistência contra a religião. Para nós, porém, trata-se de deixar nítida a estreita conexão entre espiritualidade

(= religiosidade) e religião. Recordemos mais uma vez as palavras de Einstein:

> Sentir que, por trás do que vivenciamos, esconde-se algo inacessível ao nosso espírito, cuja beleza e sublimidade só chegam até nós indiretamente e num reflexo vago – isso é religiosidade. Nesse sentido, eu sou religioso.

A religiosidade, no sentido de Einstein, constitui nossa essência como seres humanos. Nossa relação com a misteriosa realidade, que está por trás de tudo o que experimentamos, é a condição fundamental de nossa humanidade. Einstein sabia: "*A coisa mais bela e profunda que o homem pode experimentar é o sentimento do misterioso*". Como seres humanos, somos configurados para mergulhar no grande mistério, querer compreendê-lo, nos alinharmos a ele. Nesse perpétuo confronto com a realidade última consiste nossa religiosidade inata.

A palavra religiosidade provavelmente vem do latim "*re-ligare*", que significa "religar", "reconectar". Em todo caso, essa é a essência da religiosidade — aliás, também a finalidade mais elevada da religião — restaurar relacionamentos rompidos: a relação com nosso Si-mesmo, com nosso mundo ao redor e compartilhado e com a realidade última. Einstein vê um grande perigo no fracasso em assumir essa tarefa, pois se trata da realização de nossa plena essência humana: "*Aqueles que nunca tiveram esta experiência me parecem, se não mortos, pelo menos cegos*". Ele chama sua própria religiosidade de "*o sentimento de mistério*" — um encontro consciente com o mistério. Ele se distanciou de sua religião, a judaica em sua forma "pré-científica", mas se diz evidentemente "religioso", no sentido de se sentir, em sua religiosidade, chamado pelo grande mistério. Responder a esse chamado, como Einstein já sabia, representa nossa verdadeira vocação humana. Nosso espírito humano é configurado para mergulhar no grande mistério, para entendê-lo sem ser capaz de compreendê-lo e para deixar que nossa ação seja guiada por esse entendimento. Assim, neste constante escutar e responder em tudo o que fazemos, nossa religiosidade se expressa como um compromisso perpétuo com o mistério.

Nosso encontro com o mistério — que se torna particularmente evidente nas chamadas experiências de pico — desencadeia espontaneamente em nós o sentimento religioso primordial da reverência. A reverência caracteriza-se pela concomitância entre sentir uma atração profunda e uma timidez sagrada. Somos irresistivelmente atraídos pela relação íntima com o mistério, no sentido de nosso Você mais íntimo. A abundância impressionante de tudo o que há, de tudo que o Isso dá, e o "mais-e-cada-vez-mais", que vai infinitamente além, nos fazem tremer; e essa conflituosa comoção interior quer se expressar com admiração — em louvor, adoração e gratidão. Por meio de nossa religiosidade, nos vemos inseridos na profundidade, na amplitude e na dinâmica do grande mistério — nas circunstâncias básicas pelas quais podemos nos orientar na vida.

Rudolf Otto (1869-1937) pesquisou a fundo o encontro com o mistério sob o aspecto do "sagrado". Ele descreve os dois sentimentos que o sagrado desencadeia em nós como *"tremendum"* — ou seja, que nos faz tremer em reverência — e *"fascinans"* — ou seja, que desencadeia a fascinação entusiasmante. Somos irresistivelmente atraídos pela ideia de repousar em um presente já sempre almejado inconscientemente; mas a vertiginosa alteridade dessa presença nos faz recuar com um arrepio. Podemos observar a contradição desses dois sentimentos em uma criança pequena na praia: toda vez que as ondas recuam, o bebê berra de alegria e tenta correr atrás delas, mas quando as ondas retornam, ele grita de susto e engatinha o mais rápido que pode para a areia. A espantosa mistura desses dois sentimentos se expressa nos adultos na forma de reverência.

Vivenciamos a reverência nitidamente nas experiências de pico, mas não devemos de forma alguma limitá-las a vivências extraordinárias. Sobretudo na vida cotidiana a reverência está no cerne da religiosidade. Pessoas espiritualmente despertas vivenciam o sagrado em suas relações com pessoas, animais, plantas e até mesmo com coisas inanimadas, porque cada encontro é um encontro com o mistério em sua mais íntima profundidade. Quando temos a oportunidade de viver com pessoas que nunca perderam o sentido do sagrado, ficamos espantados com a riqueza de sua qualidade de vida — muitas vezes apesar de uma pobreza severa. Em comparação, uma sociedade tipicamente endinheirada fica empobrecida. Nossa religiosidade inata é nosso senso de sacralidade de tudo o que existe. Ela se expressa na reverência. Se negligenciamos a reverência, nossa religiosidade também se atrofia e "assim vamos vivendo". Quando a alimentamos conscientemente, nossa vida floresce — *"então será como uma festa"*, diz Rilke.

Nossa religiosidade, nesse sentido, nos conecta com todas as pessoas, porque é inata em todos nós. Raimon Panikkar (1918-2010) compara a religiosidade com a faculdade humana da linguagem. Assim como a faculdade da linguagem se expressa nas diferentes línguas, também a religiosidade comum a todos nós se expressa nas diferentes religiões. A religiosidade nos une, as religiões nos distinguem — e muitas vezes, infelizmente, até mesmo nos dividem.

13

Religiões

Diferentes línguas para o indizível

Muitas vezes, a partir da religiosidade original e comum a todos os seres humanos, voltam a surgir novas religiões, nas mais diversas formas. Quanta riqueza seria perdida se houvesse apenas uma língua, apenas uma religião!

Poderíamos também comparar a religiosidade com um único e enorme reservatório subterrâneo de água e as religiões com uma infinidade de fontes que dele extraem sua água. Muitas vezes, no decorrer da história, vem o fundador de uma religião e perfura uma nova fonte. As fontes podem ser muito diferentes umas das outras, dependendo da personalidade de seu construtor, das condições do local, de seu povo e de suas necessidades naquele momento histórico. Podemos nos alegrar com a beleza das fontes em sua diversidade e lembrar que, de cada uma delas, brota uma mesma e única água.

Quando crescemos inseridos em uma tradição religiosa, os ensinamentos, preceitos e rituais daquela religião revelam seu significado mais profundo, reverberando nosso despertar da religiosidade e tornando-se sua autêntica expressão. Toda religião em que crescemos pode se tornar a linguagem na qual dizemos algo sobre o mistério – porém indizível, em última instância – que nossa religiosidade vislumbra. Depois fica mais difícil aprender uma nova linguagem na vida. A aquisição de uma linguagem religiosa durante o crescimento é um bem muito maior do que uma caderneta de poupança rechonchuda; ela pode tornar-se uma fonte inesgotável de alegria para toda a vida. Por isso, é uma perda dolorosa quando nos damos conta de que não podemos mais expressar nossa religiosidade na linguagem da religião de nossa infância. Abandonar formas que não são mais uma autêntica expressão de nossa religiosidade e buscar novas formas de expressão pode parecer, aos outros e até a nós mesmos, uma traição, mas pode também evidenciar nossa fidelidade ao conteúdo religioso, expresso tanto pelas formas antigas quanto pelas novas. Na escolha de novas formas, podemos proceder de forma lenta e seletiva. Não é necessário abandonar de repente todo o apoio oferecido por aquilo que nos é familiar.

Talvez se levante aqui a pergunta: a religiosidade tem que se expressar na religião? A experiência nos mostra que inevitavelmente isso sempre acontece. Não necessariamente nas formas específicas desta ou daquela religião, é claro, mas inevitavelmente em uma série de formas que são típicas de toda religião. Vamos usar um exemplo para ilustrar esse processo. Vamos nos lembrar de um momento da mais alta vitalidade. Quaisquer que sejam as circunstâncias externas – e estas podem ser completamente corriqueiras – o mistério nos agarra e, por um momento atemporal, vivenciamos um bem-aventurado estado de todo-um com nós mesmos e com o todo. Enquanto essa experiência durar, não pensamos, não queremos, nem sentimos nada — ou talvez devêssemos dizer: pensar, querer e sentir são um só, indistinguível na unidade que engloba toda nossa experiência.

Mas, no momento seguinte, nosso pensamento se solta dessa unidade e se coloca autônomo. Nossa razão pergunta: "O que foi isso?". Mas acabamos de vivenciar algo que não se deixa traduzir em conceitos. Então, como devemos falar sobre isso? Como podemos explicar a nós mesmos o que experimentamos e compartilhar a alegria com outros? A poesia é a saída que as pessoas nessa situação sempre acabam encontrando. Somente a poesia pode expressar noções que se prendem às palavras só como um perfume. Assim, falamos de encontros com o mistério — pois é disso que se trata — sempre que utilizamos termos que nos são familiares, mas elevando-os poeticamente. Aí está a semente para a *doutrina*, para o elemento intelectual de toda religião. Todos os textos que falam sobre o mistério devem ser entendidos simbolicamente, portanto não literalmente. Se esquecemos isso, então já estamos no caminho errado. Assim disse, por exemplo, o estudioso judeu de religiões Pinchas Lapide (1922-1997), de modo pertinente: "Pode-se levar a Bíblia a sério ou literalmente; ambos é impossível". O mesmo vale para as escrituras sagradas de todas as religiões.

Assim que nossa mente tenha alcançado alguma clareza sobre o que acabamos de vivenciar, nossa vontade irrefutavelmente entra em jogo. Ela se concentra na bem-aventurança do pertencimento ao todo, que vivenciamos em nosso momento de maior vitalidade, e estabelece a finalidade de lutar por essa felicidade: "Sim, é assim que eu quero viver, na alegria de pertencer completamente ao todo!" Neste "sim", com o qual nossa vontade se orienta ao pertencimento, está a semente de toda a *moral*. Por moral entendemos aqui a forma pela qual a ética se expressa em uma determinada cultura. As formas de cada religião, assim como a sua moral, pertencem a uma cultura ou a outra. Pode até acontecer que elementos antiéticos de uma cultura sejam inesperadamente incorporados à sua moral religiosa. Por mais que os sistemas morais sejam diferentes uns dos outros e, às vezes, até pareçam se contradizer, todos eles dizem à sua maneira: é assim que se comportam aqueles que fazem parte. Eles diferem apenas na amplitude do círculo de seu pertencimento. No decorrer da história, esse círculo tornou-se cada vez mais amplo na consciência das pessoas. Em nossos dias, *toda* exclusividade já se tornou imoral. Não se deve excluir nada mais. Não devemos comportamento ético só a todos os seres humanos, mas também a todos os animais, plantas e até mesmo a toda a natureza inanimada.

Assim como a religiosidade se expressa na religião, a ética se expressa na moralidade. A ética, conforme usamos o termo aqui, é nossa responsabilidade perante o grande Você; a moral é a tentativa de expressar nossa responsabilidade ética em uma cultura concreta. Quando o Dalai Lama diz: "A ética é mais importante que a religião" – incluindo o Budismo como religião – isso significa, na linguagem que usamos aqui: a religiosidade é mais importante que a religião. Concordamos plenamente com isso, pois sem religiosidade as formas das religiões permanecem manifestações culturais vazias. Quanto mais perfeita é a expressão da religiosidade/ética em uma determinada religião, mais viva e vivificante é a sua moral.

Descrevemos aqui como a razão e a vontade constroem pontes entre a experiência religiosa primordial e sua expressão na doutrina e na moral. Mas também nossas emoções reagem implacavelmente à experiência de pico, da qual partimos aqui. Elas reverberam com alegria, elas celebram. E essa celebração alegre é a semente da qual surgem os *rituais*, que são um terceiro elemento de toda religião. Os rituais, assim entendidos, são procedimentos que nos mantêm despertos para o sentido e o propósito de nossas vidas, conforme nos lembram, à sua própria maneira, a doutrina e a moral. Antes de mais nada, existem os rituais, como um banho cerimonial no Ganges para os hindus, o *Sêder de Pessach* judeu ou a prática de acender incensos no Budismo. Também nas culturas originárias encontramos rituais semelhantes, tais como sacrifícios ou rituais de iniciação na juventude. O que os distingue, no entanto, é que no cotidiano toda ação pode se tornar um ritual. Este também continua sendo para nós um princípio norteador. Por meio da prática em estado de atenção podemos aprender a fazer tudo o que fazemos com uma consciência, sempre desperta, do significado e do propósito de nossa existência. Com isso, nossa vida se torna uma celebração e descobrimos fontes inesperadas de alegria no cotidiano. Assim, a experiência mística do todo-um de nossa religiosidade estimula nosso pensar, nosso querer e nosso sentir, de modo incontornável, a lançar as três pedras fundamentais de cada religião: a doutrina, a moral e os ritos.

O que observamos aqui, em pequena escala, também acontece historicamente, em grande escala, no surgimento de novas religiões. Elas retornam à experiência mística das pessoas que fundaram religiões. Essa experiência irá encontrar expressão em uma doutrina adequada ao arcabouço intelectual da época. A experiência mística dos fundadores também será expressa em um sistema moral que traduz o ideal do pertencimento ao todo em formas concretas que podem ser realizadas na sociedade em questão. Também irá produzir rituais cujas formas são extraídas da cultura daquele tempo e daquele lugar. A água de uma fonte tão nova, se as circunstâncias históricas favorecerem, pode continuar a fluir e avolumar-se numa ampla corrente que oferece, a cada vez mais pessoas, novas percepções, uma nova compreensão de justiça e novas formas de celebração.

Entretanto, as religiões tendem, mais cedo ou mais tarde, a perder sua força original. Uma razão para isso é que grandes comunidades dificilmente conseguem evitar que se transformem em instituições. Todas as instituições, porém, têm a tendência de negligenciar sua finalidade original e, em vez disso, tornarem-se um fim em si mesmas. Sabemos, por amarga experiência, que instituições políticas, acadêmicas, médicas, além de outras, também se tornam um fim em si mesmas, não apenas as religiosas.

Outro perigo para as religiões consiste em que elas podem cair no feitiço do "sistema". Quando isso acontece, sua espiritualidade Eu--Você se congela na forma de uma ideologia Eu-Isso: doutrina, moral e ritual transformam--se em dogmatismo, moralismo e ritualismo. O que devemos fazer quando essa catástrofe acomete nossa própria religião e então a água viva, que antes jorrava de seu poço, congela? Podemos sempre descongelar esse gelo – por meio do calor da religiosidade do nosso coração. O coração de cada religião é a religiosidade do coração. A religiosidade pode reavivar a religião. Onde antes estava congelado, volta a brotar água vivificante.

Pois não é da religiosidade de nossos corações que tudo depende? Por que, então, as religiões são importantes? Já indicamos a resposta: a religião dá à nossa religiosidade uma energia e uma expressão concreta no mundo. Suas doutrinas, diretrizes éticas e expressões culturais facilitam nossa tarefa de tornarmos nosso cotidiano consciente do encontro com o mistério. Isso dá significado à religião sob três pontos de vista:

1. A religião nos dá a força para nos afirmarmos contra o "sistema". Mesmo dentro das instituições religiosas, que são elas mesmas vítimas do "sistema", sobrevivem pequenas redes que permanecem vivas no espírito original. E até mesmo as instituições religiosas corruptas ainda deixam fluir a água vivificante de seus ensinamentos de sabedoria para o mundo. Mesmo que seus representantes não vivam de acordo com esses ensinamentos: canos enferrujados também fornecem água refrescante.

2. A religião oferece uma estrutura clara na qual o mundo interno religioso de uma criança pode aos poucos encontrar formas de expres-

são. As crianças precisam desse apoio. Nada mais pode substituí-lo. Elas encontram grande satisfação em histórias míticas, querem diretrizes claras e firmes para seu comportamento e participam de rituais com entusiasmo. Tudo isso é oferecido por cada uma das tradições religiosas. Mas isso também pode ser articulado a partir de uma diversidade de tradições, se corresponder melhor às convicções de pais e cuidadores. Porque nada convencerá nossos filhos, a menos que nós mesmos estejamos convencidos.

3. A religião, seja herdada como um todo intacto ou reunida em sincretismo, de acordo com nossas necessidades, expressa nitidamente aquilo que nossa religiosidade apenas suspeita imprecisamente. É verdade que ela apenas desenha um mapa, mas esse mapa pode nos oferecer uma ajuda inestimável para encontrar nosso alinhamento com o polo magnético de nossos corações – com o grande Você, o coração do mistério.

Quando lemos corretamente o mapa de orientação traçado por uma determinada religião e a nossa localização subitamente se abre para nós, nosso coração começa a reverberar com o coração do mistério e queremos exclamar com entusiasmo: "É isto!" Este momento de "*a-ha!*" se refere à nossa jornada espiritual pela vida e é também disso que se trata na religião – encontrar sentido, portanto.

Já falamos sobre a busca por sentido por meio das três perguntas existenciais. O "por quê?" nos leva ao silêncio insondável do mistério. O "o quê?" nos permite reconhecer tudo o que existe como a palavra com a qual o mistério nos fala. E o "como?" procura entender o mistério por meio da ação. Encontramos sentido ao escutarmos a palavra, no sentido acima, de modo tão profundo que ela nos agarra, nos faz entender por meio de uma ação obediente e nos conduz, por meio de um profundo entendimento, de volta ao silêncio do qual ela emergiu.

Toda religião quer levar nossa religiosidade a um momento "*a-ha*" e nos fazer exclamar com alegria: "É isso!" Podemos imaginar uma religião pré-histórica como o húmus, a terra-mãe fértil na qual as três grandes tradições históricas estão enraizadas. Cada uma delas enfatiza um aspecto diferente da unidade original. O Budismo coloca a ênfase sobretudo na quietude e no silêncio; nas Tradições do Amém no Ocidente, por outro lado, tudo gira em torno da palavra; o hinduísmo concentra-se no entendimento. Ioga vem da mesma raiz que a palavra "jugo" em português – como um jugo, a ioga conecta o par formado entre palavra e silêncio, por meio do entendimento. Qualquer um dos três pode desencadear nosso alegre "É isso!" Nós no Ocidente passamos de uma "palavra" para outra e gritamos com entusiasmo: "É *isto*! – e *isso* e *isso* e *aquilo* também!" – colocando a ênfase nas coisas. Um budista, que se preocupa com o silêncio de onde vêm as muitas palavras, colocará a ênfase no todo em "É isso *aí*!" Mas como encontrar um significado envolve tanto a palavra quanto o silêncio e, afinal de contas, é o entendimento que liga ambos, podemos imaginar um hinduísta enfatizando essa conexão exclamando: "*É* isso!"

14

Confiança

Nossa resposta à angústia

O essencial na religiosidade – e, portanto, também o coração de toda religião – é a fé, a habilidade de crer. Mas "crer" é uma palavra-chave muitas vezes mal entendida. Isso porque ela pode ter dois significados bem diferentes na linguagem cotidiana. Por um lado, expressa minha *opinião*, por exemplo, na frase "creio que amanhã vá chover". Mas também pode expressar minha confiança, por exemplo, quando digo "creio no bem das pessoas". Em linguagem religiosa, "fé" não expressa minha opinião, mas minha confiança. A fé – no sentido espiritual – não significa "crer que algo seja verdade", mas sim "contar com algo ou alguém", tendo confiança.

Essa distinção é normalmente ignorada quando alguém faz a pergunta "Você acredita em Deus?", colocada de modo não muito diferente de algo como "Você acredita em fantasmas?" Eles existem ou não? Trata-se, aqui, de mera opinião. A fé em Deus, entretanto, não é uma afirmação de opinião, mas uma expressão da mais profunda confiança. Como já vimos, a palavra "Deus" expressa nossa relação pessoal com o grande mistério. Não é uma questão de opinião o fato de estarmos relacionados ao mistério com todo o nosso ser. Sendo o mistério – segundo nossa definição – "aquilo que não podemos captar, mas que podemos entender quando nos agarra", o mistério é uma questão de experiência. Então, como alguém poderia perguntar se "há" o mistério, se tudo o que "há" aponta para o mistério? O sujeito gramatical inexistente do verbo "haver" representa o mistério a partir do qual tudo flui para nós. Só é preciso enxergar isso. Mas é possível ousar dar um passo além e *contar com* o segredo plenamente, em total confiança.

"Você acredita em Deus?" significa: "Você deposita confiança na vida e no mistério da vida?" Estas duas perguntas significam exatamente a mesma coisa. Mas a segunda forma de colocar a pergunta deixa nítido que não se trata de opinião, mas sim de confiança. Podemos ter confiança na vida ou temê-la. É livre a escolha entre essas duas atitudes básicas. No cotidiano, a opção que tendemos a tomar evidencia-se, de forma muito prática, em nossa coragem de viver. O contrário de fé não é dúvida ou descrença, mas sim o receio, o amedrontamento.

Aqui devemos novamente nos atentar a uma importante distinção – a saber, entre angústia e medo. Na vida, a angústia é inevitável, já o medo somos nós próprios que escolhemos. A palavra "angústia" tem o significado básico de "sufocar" e está relacionada com a palavra latina "*angustia*", que significa "aperto". A vida sempre nos aperta de vez em quando. Então podemos sentir a angústia sufocante e ficamos diante da escolha entre a confiança e o medo. A confiança diz "Isto também faz parte da vida", reconhece o perigo e lida com ele de maneira tão calma quanto possível. Em contraste, o medo entra em pânico e desperdiça sua energia reagindo contra a angústia: por medo, armamos nossa blindagem de resistência – e assim ficamos presos no aperto. Mas podemos confiar na vida; de alguma forma, ela nos fará passar pelo estreitamento. Afinal, nós também viemos a este mundo através de um estreito canal de nascimento. E qualquer aperto em nossa vida, por mais angustiante que seja, pode conduzir a um novo nascimento.

Olhando nossas vidas pelo espelho retrovisor, podemos ver que a partir de golpes do destino, que a princípio nos causaram grande angústia, nasceram coisas novas boas, de forma bastante inesperada. Observando tais experiências em retrospectiva, podemos criar coragem quando olhamos pra frente sem avistar uma saída. No fim, tudo indica que devemos insistir em que a vida deva ser como queremos que seja ou confiar na corrente da vida tal como ela é – não como um pedaço de madeira flutuante, mas como peixes que, atentos, respondem à corrente com cada movimento. Assim, desperta, é que a fé responde ao mistério da vida.

Para responder ao mistério da vida, não é necessário sequer pensar no fato de que ela está ali e nos carrega. Afinal de contas, respondemos à força da gravidade com cada movimento que fazemos, quer estejamos conscientes dela ou não. Mas podemos aprender a ficar cada vez mais atentos à gravidade e a cada vez mais contar com ela. Nisso reside a diferença entre tropeçar desajeitado e dançar. Assim como o equilíbrio, também a confiança é capaz de se desenvolver.

Fé, no sentido espiritual, significa confiar corajosamente no insondável, inesgotável e implacavelmente dinâmico mistério da vida, que em tudo está entrelaçado. Significa, portanto, embarcar com radical confiança na aventura da realidade — toda ela — tanto a realidade interior quanto a exterior.

15

Interior/exterior

Dois aspectos da mesma realidade

Só podemos falar de vida biológica a partir de quando existe — como nos organismos unicelulares mais simples que conhecemos — um interior que, separado do exterior pela parede celular, reage ao mundo externo. Aplicadas à nossa vida e vivência humana, interior e exterior são expressões figuradas para dois aspectos da mesma realidade. A diferença nos é conhecida a partir da experiência diária: no exterior, só conhecemos a diversidade. No interior, porém, podemos experienciar uma unidade que reúne, contém e transcende a diversidade. Assim, nossa mais íntima experiência com o Você transcende a unidade, mas também a dualidade. É por isso que o hinduísmo, aqui, não fala de unidade, mas sim de "não dualidade" – *advaita*. O que para mim se torna consciente como sendo exterior está vinculado ao espaço e ao tempo e está sujeito a mudanças constantes. Como interior, posso vivenciar algo que é indivisível e sempre *agora*. Rilke fala do *"meio do sempre"* e expressa, com essa imagem, um permanente mais íntimo. Nestes dois aspectos de interior e exterior, eu vivencio a mesma realidade indivisível como um *duplo domínio*.

> Mesmo que o reflexo na lagoa
> muitas vezes nos esvaeça:
> Conheça a imagem.
> Somente no duplo domínio
> é que as vozes se tornam
> eternas e suaves.

Reduzir um aspecto desse duplo domínio ao outro não faria justiça à diferença entre interior e exterior. Mas entender essa diferença como dualidade contradiz a unidade contínua de nossa experiência. Desde que não esqueçamos que se trata apenas de uma imagem, talvez possamos aplicar nossas duas palavras-chave ao espírito e à matéria e dizer: matéria vista do interior é espírito; espírito visto do exterior é matéria. Matéria, aqui, significa toda a matéria, não apenas o cérebro, que pode ser diferenciado, mas não separado do resto da matéria.

Não sabemos como o espírito e a matéria estão relacionados. Uma hipótese desenvolvida por Wolfgang Pauli (1900-1956) e Carl Gustav Jung (1875-1961), em sua troca de correspondências, supõe que espírito e matéria são manifestações de um terceiro elemento global, que eles chamam de "*unus mundus*" – o *mesmo* mundo inseparável. Essa forma de pensar me interessa pessoalmente. Mas o debate científico sobre este problema, para o qual David Chalmers (1966) cunhou em 1995 a expressão "o problema difícil da consciência" (*the hard problem of consciousness*), já vem acontecendo há muito tempo e ainda continua. Em nossa busca por orientação, não temos que esperar até que esse ou outros problemas similares sejam resolvidos. Tampouco vamos esperar pela teoria "*ab initio*" sobre o clima, antes de darmos um passeio. Para nossa orientação, basta saber o que é conhecido com suficiente certeza e, a partir daí, prosseguir para as regiões ainda desconhecidas, a fim de explorá-las. Antigos *mapas-múndi* mostravam regiões inexploradas como manchas brancas e as marcavam como "*terra incognita*" — "território desconhecido" — às vezes até com "*hic sunt dracones*" — "*a*qui *há dragões*" — já que o desconhecido nos convida a fantasias assustadoras. Saber quais domínios já conhecemos e o que sabemos seguramente sobre eles será de grande ajuda para explorarmos sem medo aqueles ainda desconhecidos. Em todo caso, podemos ter certeza de que o espírito reconhece a realidade material como claramente distinta de si mesmo e que espírito e matéria não podem ser reduzidos um ao outro.

Para nossa orientação, especulações sobre o espírito e a matéria são menos importantes do que a percepção de que vivenciamos no interior e no exterior e de que temos uma vida interior que nós podemos cultivar. Uma criança de cinco anos já entendeu perfeitamente o significado de nosso interior. Quando lhe perguntaram: "Para que serve o seu juízo?" ela res-

pondeu: "Para que eu possa guardar segredos".
Um detector de mentiras pode identificar *que*
queremos encobrir algo, mas só do exterior
é que se pode descobrir o que é. Ninguém pode
ver nosso interior. Quando dizemos "eu mesmo", a palavra "eu" aponta para o meu exterior, a palavra "mesmo" para o meu interior. Eu
vivo exatamente no duplo domínio. Mas como
o exterior demanda tanto de mim, o equilíbrio
desse duplo domínio está sempre ameaçado. É
por isso que a interiorização se torna uma tarefa tão importante.

16

Interiorização

Uma tarefa de vida

É uma tarefa de vida: a principal tarefa vitalícia de nossa vida, que só encontra seu cumprimento na morte. A interiorização é, antes de mais nada, a simplificação da diversidade. Podemos colocar peso nas exterioridades, nas aparências superficiais – na maioria, pois há muitas delas. Mas também podemos mover a interioridade até o ponto médio. O fato de essa palavra ser usada principalmente no singular faz sentido: o movimento do exterior para o interior vai da diversidade em direção à simplicidade. Aqui, "simplicidade" não significa, de modo algum, uma simples limitação, mas sim um autêntico, puro e singelo ser-um consigo mesmo. Mestre Eckhart (1260-1328) fala da "santa simplicidade".

A exterioridade muitas vezes cheira à superficialidade, mas só faz jus a isso quando é jogada contra a interioridade. Quando entendidas corretamente, ambas se complementam como o campo de colheita e o celeiro. Aquilo que perdemos no exterior pode ser preservado internamente por meio das lembranças. Este é um processo de interiorização com o qual todos nós estamos familiarizados. Por meio do recordar, a diversidade de nossas experiências é interiorizada, simplificada e unificada — retorna ao nosso coração, torna-se nossa posse interior. Mas as imagens do celeiro e da posse são rígidas demais. A interiorização complementa nossa vida externa com uma vida interior que é pelo menos tão dinâmica quanto aquela. A ela pertencem nossas recordações — e, além disso, tudo o que se passa em nosso coração, em nosso interior.

A interiorização "é uma realização interior que deseja ser empreendida. Devemos nos empenhar nela, além de reconhecê-la e apoiá-la nos outros", escreve Martha Kate Miller (1917-2003), enfatizando que é nosso dever promovê-la até mesmo nos asilos ou onde quer que pessoas idosas necessitem de tempo e calma para, em retrospectiva, colocar em ordem sua vida interior. Elise Maclay (1925-2021) exprime em uma imagem poética essa necessidade urgente:

> Cinco filhos criei e muitas coisas
> vivi,
> belas e terríveis.
> Sobre elas tenho que refletir,
> tenho que colocá-las em ordem
> nas minhas prateleiras internas.

É a interiorização que leva da mera passagem por uma situação até à vivência autêntica. *Mesmo nossas recordações mais preciosas querem ser liberadas de todos os lamentos de seu passado*, diz Martha Kate Miller. Diríamos que as recordações querem ser resgatadas do não-ser-mais do passado para o agora permanente do presente. Todos nós precisamos de uma interiorização constante, mesmo as pessoas a quem foi dada, desde o início, uma rica vida interior. Ludwig van Beethoven

(1770-1827) é um exemplo disso, para todos os que conhecem sua obra. Sua primeira sinfonia já mostra uma profunda interioridade, mas ela atinge uma profundidade quase assustadora em seus últimos quartetos de cordas. Algo semelhante aparece em Michelangelo (1475-1564). A comparação entre sua primeira e sua última *Pietà* indica uma interiorização progressiva ao longo da vida.

Somente na morte é que a interiorização mostra seu pleno significado. Quando tudo o que é externo a nós desaparece, resta o que é interno. Nosso Si-mesmo toca em algo permanente, porque nossa vida interior, afinal, acontece como um diálogo com nosso grande Você. Por isso, podemos esperar que a colheita interiorizada de nossas vidas permaneça abrigada nesse permanente Você. Mas só conseguimos tocar o permanente de modo consciente se aprendermos a viver despertos no agora.

17

O agora

Na intersecção entre o tempo e a eternidade

Normalmente imaginamos o tempo como uma linha na qual o agora é o pequeno segmento entre o passado e o futuro. Mas por mais curto que seja esse segmento, podemos dividi-lo na metade. Então uma metade *não é*, pois é passada, portanto, não é mais; a outra metade também *não é*, pois é futuro, portanto, ainda não é. Poderíamos continuar esse processo de divisão *ad infinitum*. Mostra-se, portanto, que este agora, que conhecemos tão bem, não está sequer no tempo. Pelo contrário, podemos legitimamente dizer: o tempo está no agora. Todo o passado alguma vez já foi agora e quando o futuro vier, será agora. "*Tudo é sempre agora*", diz T. S. Eliot – "*all is always now*". Só é aquilo que é agora, senão já foi ou ainda será, portanto não é. Que espantoso: no meio da efemeridade, vivenciamos algo que tem duração – o agora. Johann Gottfried Herder (1744-1803) escreveu:

> Um sonho, um sonho é a nossa
> vida
> aqui na terra.
> Como sombras nas ondas,
> flutuamos
> e desaparecemos,
> e medimos nossas pisadas inertes
> pelo espaço e pelo tempo;
> e estamos (sem saber) no meio
> da eternidade.

O agora é "*a intersecção do atemporal com o tempo*" (T. S. Eliot) – a intersecção entre tempo e eternidade. A eternidade não é um tempo infinitamente longo, mas a antítese do tempo, "*o constante agora*", o "*nunc stans*", como Agostinho a define. Quando seu tempo acaba, resta apenas sua eternidade. Mas hoje mesmo você vive no duplo domínio, então você pertence a ambos os domínios. No exterior, você está no meio do tempo; mas no seu interior está o *"meio do sempre, lá dentro você respira e pressente"*, como Rilke escreve na *"Elegie an Marina"*. E para T. S. Eliot, o agora é *"o momento dentro e fora do tempo"* – a eternidade no meio do tempo.

Meu Si-mesmo pertence ao domínio da eternidade. Meu Eu pertence ao domínio do espaço e do tempo. Mas esses dois são o único duplo domínio inseparável. Eu mesmo sou um – não sou composto de duas metades. Viver consciente disso é viver no agora. Só então eu sou "Eu-Mesmo". Então, a partir de um Ego que se atrelou no passado e no futuro, eu volto a ser Eu-Mesmo. Por isso é que é tão importante aprender a se sentir em casa conscientemente nesse duplo domínio. O próprio *"Conhece-te a ti mesmo!"* é uma tarefa que só podemos resolver no agora. E o desafio *"Torna-te quem tu és!"* exige que aprendamos, ao longo de nossa vida, a viver no agora. Para poder decidir por isso, tenho que ter liberdade de escolha. Mas somos realmente livres? E em que sentido? Essas são perguntas para as quais queremos agora buscar respostas.

18

Decisão

O que a vida quer de mim agora?

Todos nós conhecemos a experiência interior de ter que tomar decisões. Ao fazer isso, nos sentimos livres – é claro que sempre dentro de certos limites, mas de qualquer forma livres. Observando do exterior, contudo, não é possível determinar que uma decisão tenha sido verdadeiramente livre. No duplo domínio, é inevitável que certas experiências só sejam acessíveis à visão do interior. Mas nossa experiência interior deve ser levada tão a sério quanto a experiência exterior, antes que possamos explorar nosso mundo sem preconceitos. É claro que às vezes nossa percepção interna interpreta erroneamente a realidade externa. Um bom exemplo é o fato de que, em nossa vivência, a lua e o sol "nascem" e "se põem". No entanto, sabemos que não é o Sol que se move, mas a Terra. Nesse caso, os experimentos científicos puderam esclarecer fatos astronômicos externos e mostrar que eles não coincidem com nossa impressão psicológica interna. Para a tecnologia de viagens espaciais, esse conhecimento é essencial. Mas quem vai deixar de cantar *"Der Mond ist aufgegangen"*[3] por causa disso? Ou devemos "corrigir" até a canção de Matthias Claudius (1770-1815)? Sentimos um teor de verdade mais profundo. Ele não contradiz o científico, pois pertence a outro domínio, o da poesia.

---

3 Esta canção é bastante popular na memória coletiva dos alemães. Como equivalente no cancioneiro popular brasileiro poderíamos mencionar "Luar do sertão", composta por Catulo da Paixão Cearense e João Pernambuco, que aborda a mesma imagem da lua que nasce:
"Se a lua nasce por detrás da verde mata
Mais parece um sol de prata prateando a solidão
E a gente pega na viola que ponteia
E a canção e a lua cheia a nos nascer do coração" [N.T.].

A lua nasceu,
as estrelinhas douradas brilham,
no céu aberto e límpido.
A floresta fica escura e silenciosa
e dos campos sobe
a maravilhosa neblina branca.

Gottfried Keller (1818-1880) também deixa claro, em seu poema, que a poesia não versa tanto sobre o conhecimento científico natural, mas sobre a capacidade de descobrir a abundância da vida.

Mas ainda passeio no campo
   noturno,
junto apenas com a estrela
   cadente;
ó olhos, bebam o que os cílios
   sustentam
da abundância dourada do
   mundo!

O método científico é uma das maiores conquistas do espírito humano. Suas descobertas podem ser uma ajuda incalculável para nossa orientação neste mundo único e indivisível, desde que não esqueçamos que sua realidade *interior* é um aspecto tão importante, real e eficaz quanto sua realidade *exterior*.

A fim de obtermos o maior proveito da ciência, devemos aprender a diferenciar os conjuntos de fatos bem estabelecidos, as teorias baseadas com diferentes graus de probabilidade na interpretação desses fatos e as ideologias, no sentido negativo dessa palavra, isto é, as teorias rígidas que impedem a continuação das pesquisas. A recusa em examinar as experiências interiores à luz de fatos exteriores e os fatos exteriores à luz de experiências interiores transforma as pessoas em idealistas. Idealistas do século XVII recusaram-se a levar a sério o que viram através do telescópio de Galileu e tentaram submeter essas experiências externas ao sistema rígido de sua visão de mundo geocêntrica. Os idealistas do século XXI recusam-se a levar a sério as experiências interiores ou tentam submeter essas condições psicológicas ao sistema rígido de sua visão do mundo determinística.

Os representantes ideológicos do indeterminismo não levam suficientemente a sério os resultados de pesquisas neurocientíficas. Trata-se de nos libertar das ideologias e pesquisar com imparcialidade. A astronomia conseguiu superar a ideologia no século XVII no momento em que os geocentristas não podiam mais continuar indiferentes às provas irrefutáveis.

Nossa esperança de entender melhor a relação entre o espírito e a matéria depende hoje de que os representantes do determinismo e do indeterminismo aprendam a não serem indiferentes às visões de seus adversários.

Além disso, a consciência da liberdade em nossas decisões funciona de modo diferente do que na contradição entre a impressão subjetiva e a circunstância objetiva, no que diz respeito ao movimento dos corpos celestes. O livre-arbítrio, como fato objetivo, não é comprovado nem desmentido pela ciência. Com relação a isso, somente idealistas ficam batendo cabeça um com o outro. Felizmente, não precisamos esperar que tais questões sejam decididas. Para nossa orientação, basta conhecer o terreno a partir do qual podemos avançar para o desconhecido. Nossa experiência subjetiva de liberdade pode ser considerada um terreno conhecido — bastante independente de ideologias que a reconheçam ou a neguem. A respeito desta negação, Jean-Paul Sartre (1905-1980) diz: "*Estamos sempre prontos a nos refugiar na crença do determinismo quando nossa liberdade nos sobrecarrega ou quando estamos procurando um subterfúgio*". Queremos evitar tais subterfúgios ao consideramos honestamente a liberdade e a decisão.

Comecemos com um tipo de experiência que merece mais atenção do que normalmente lhe é dada. Trata-se de acontecimentos muitas vezes dramáticos em que não temos tempo algum para tomar decisões, mas fazemos, de modo espontâneo, exatamente aquilo que a situação exige – às vezes com força e velocidade extraordinárias: um bombeiro salta nas chamas e resgata um homem asfixiado; uma mãe arranca seu filho dos trilhos quando um trem expresso se aproxima. Depois, ambos rejeitam qualquer reconhecimento: "Aconteceu antes mesmo que tivéssemos tempo para pensar a respeito", dizem eles.

"Eles não tinham tempo" para pensar. Esse é o primeiro ponto crucial. Podemos também inverter a frase e dizer: "O tempo não os tinha" em sua rede, porque eles estavam inteiramente no agora. É por isso que a decisão estava simplesmente lá. E este é o segundo ponto crucial: quando estamos no agora, a decisão já é um fato – também no sentido de que fica suspensa a cisão entre o Eu e o Si-mesmo, que me torna

Ego. Assim que eu estiver no agora, o poder da vida pode fluir livremente através de mim. Essa é a verdadeira liberdade.

Assim que eu estiver no agora, o procedimento adequado fica nítido para mim e eu estou pronto para ele. O que o bombeiro e a mãe vivenciaram no momento decisivo de forma tão extraordinária é algo que todos nós podemos vivenciar na vida cotidiana, embora de forma menos notável, sempre que estamos realmente no agora: Eu e Si-mesmo agimos então como uma unidade – a decisão surge das circunstâncias como que por si só. "O que isso quer dizer?", alguém certamente perguntará. "Será que preciso mesmo decidir, quando a força da vida estiver fluindo livremente através de mim?" A força vital cumpre para você todos os dias milhares de tarefas vitais que vão muito além de sua razão. Ela regula sua temperatura corporal, sua pressão arterial e seu metabolismo e toma inúmeras outras decisões *inconscientes*. Pode ser necessário um esforço para se inserir nessa eficiência ao tomar decisões *conscientes*. Decisões importantes podem exigir ponderações difíceis e longas conversas com outras pessoas que serão afetadas por sua decisão. Mas a verdadeira decisão já foi tomada, que é: "Eu quero confiar na sabedoria da vida". Por isso, trata-se então apenas de uma escuta questionadora: "O que a vida quer de mim agora?" – Trata-se de confiar na sabedoria da vida, deixando-se levar por ela. E trata-se de retornar sempre ao agora. Quando você entende sua tarefa dessa maneira, pode deixar o "tormento da escolha" para a vida e, então, cai de seus ombros o fardo da decisão.

"Confiar deixando-se levar pela sabedoria da vida" e "retornar ao agora" são uma única e mesma coisa. Pois o que você deixa quando você "se deixa" é o Ego. Há ações livres e não livres. Eu-Mesmo sou sempre livre; meu Ego nunca. O Ego quer levar seus planos adiante, com violência, de modo inflexível e teimoso, mas ao fazer isso é atropelado pela corrente da vida. O "Eu-Mesmo" nada nessa corrente, aproveitando-a com confiança, propósito, habilidade e, acima de tudo, sem violência. A única verdadeira liberdade é a não violência – o Eu-Mesmo não é violento com a realidade. A única *decisão* livre é o retorno do Eu ao Si-mesmo – sua libertação da cisão entre os dois, que o tornou Ego.

O medo quer se apegar ao passado, grandes sonhos flutuam no futuro, mas somente no presente podemos enfrentar seriamente as exigências da vida. O Ego nunca está no agora; ele está sempre preso no passado ou no futuro. Mas ao me reunir no agora, volto para casa para mim mesmo – para o Eu-Mesmo.

Na seção sobre a palavra-chave "Si-mesmo" vimos que: o Si-mesmo é um e nos torna a todos um. Como "Eu-Mesmo", atuo a partir da consciência deste ser-um com todos. Mas este "sim radical ao pertencimento" é a nossa definição de amor. Nenhuma surpresa, portanto, que a palavra "amigo" venha da raiz latina que significa "amar". No alemão, em que a palavra "livre" (*frei*) – bem como "amigo" (*Freund*) – vem de uma raiz indo-germânica que significa "amar" (*priyáḥ*). Nenhuma surpresa também que Santo Agostinho possa dizer: "*Ama e faz o que quiseres*". A liberdade não é a capacidade do Ego de fazer – arbitrariamente – o que lhe vem à mente. A autêntica liberdade se alinha – *voluntariamente* – com o princípio orientador mais interno da vida. No amor, ela diz "sim" à comunidade de todos com todos e pode, por isso, fazer o que ela quiser.

A sabedoria oriental refere-se a este fluxo natural das coisas como o *tao*. Em inglês, Alan Watts chama o *tao* de *"Watercourse Way"*, que poderíamos chamar de "curso d'água" ou [caminho do] "fluxo de água" – belas expressões que os geólogos usam para descrever córregos e rios. Para fluir com o *tao*, temos que encontrar nosso caminho de volta à nossa mentalidade original, à "mente de principiante" da criança. Quando bebê, você está, bastante evidentemente, tanto no fluxo da vida como no agora. *"Você ainda não tem um Eu que seja distinto do que está acontecendo"*, como expressa Alan Watts. *"É por isso que nada acontece com você. Simplesmente acontece"*.

Você faz parte, diz ele, *"das maravilhosas figuras que dançam na [...] água corrente"*. Posteriormente, ganhamos uma consciência refletida de Eu e de Si-mesmo, mas ao mesmo tempo perdemos esse ser-no-fluxo. Todavia, essa perda pode ser evitada. Sempre que estamos no agora, estamos no "caminho do fluxo", também quando adultos. Então nossa decisão flui em sintonia com o universo – não por meio de alguma magia, mas aproveitando racionalmente a oportunidade que a vida nos oferece aqui e agora. Como no caso do bebê, a afirmação de vida "simplesmente acontece", mas como no caso da mãe e do bombeiro mencionados acima, isso acontece com nosso consentimento. Nossa decisão voluntária — seja ela qual for — é tomada pela força vital que flui livremente através de nós.

Mas como podemos ter certeza de que decidimos em sintonia com o universo? Infelizmente, a resposta sensata é: não podemos nunca ter a expectativa de estar 100% seguros. Se permanecermos conscientes do que está envolvido em cada decisão e de como, influenciados por maus hábitos, podemos habilmente nos iludir, então nossas expectativas ficarão mais modestas. Iremos nos esforçar honestamente para fazer nosso melhor e, com confiança, deixaremos todo o resto para a vida. Só então seremos verdadeiramente livres.

Aprender a entender cada vez melhor este processo de libertação e a segui-lo cada vez mais fielmente é uma tarefa para a vida toda. Viver em liberdade significa seguir nossa vocação. Para muitos jovens, entretanto, a tomada de decisões parece uma perda de liberdade, especialmente quando se trata de escolher uma profissão.

19

Vocação

"Siga sua estrela!"

Costumamos falar de vocação quando alguém é conclamado, por assim dizer, a se comprometer com um ideal elevado — como no caso de personalidades de destaque nos campos da arte, da ciência ou da política. Mas todo ser humano tem uma vocação, isto é, a tarefa para a qual a vida nos conclama. Com um pouco de prática na escuta, podemos perceber que a vida nos chama a todo momento, mas também espera uma resposta da nossa parte.

Já começa quando toca o alarme do despertador pela manhã. Minha resposta pode ser saltar da cama imediatamente, mas também posso aguardar os cinco minutos que o alarme da soneca ainda me permite. Sim, posso até mesmo, apesar de todas as consequências, simplesmente voltar a dormir. Na prática, o que eu realmente faço, na maioria das vezes, não merecerá ser chamado de resposta, será apenas uma reação habitual. Muitas atividades do cotidiano são, da mesma forma, executadas automaticamente. Ao invés de funcionar como um robô, porém, posso aprender a responder, de modo desperto e consciente, ao chamado de cada momento. Mesmo que eu tenha que fazer o *que* faço, o *como* faço me é livre — ranzinza ou empolgado, distraído ou atento, hostil ou amigável e assim por diante. No fim das contas, tudo depende desse *como*. Na medida em que uma escolha está disponível para nós, o resultado da escolha do *o que* é apenas a forma exterior. Isso se aplica ao decorrer do nosso cotidiano, mas também de toda a nossa vida.

Há momentos nos quais o resto de minha vida depende da resposta que dou à vida, por exemplo, ao escolher uma carreira. Então como posso, de forma tão intuitiva e voluntária, responder que a profissão que escolho corresponde à minha vocação? Isso pode se tornar uma questão atormentadora. Podemos facilitar o processo de nossa resposta, dividindo a pergunta em três: Qual é o meu desejo mais profundo? Em que sou particularmente habilidoso? E qual oportunidade a vida me oferece aqui e agora para usar minha habilidade e satisfazer meu desejo? Queremos considerar essas três questões uma após a outra.

Na época de escolher suas carreiras, os jovens frequentemente me perguntam: "Como posso servir melhor ao mundo?" Suas elevadas aspirações me trazem alegria e eu gostaria de dar uma resposta que realmente os ajudasse em sua decisão. Não posso fazer nada melhor do que repetir uma resposta que não veio de mim. Quando um estudante fez a Howard Thurman (1899-1981) a pergunta premente: "O que posso fazer para ajudar o mundo?" Esse sábio mestre respondeu: "Faça o que lhe traz mais alegria. O mundo não precisa de nada com mais urgência do que pessoas que façam com alegria tudo o que fazem". O grande intérprete do mito do herói, Joseph Campbell (1904-1987), à sua maneira, dá o mesmo conselho quando diz: "*Follow your bliss!*" (Siga sua bem-aventurança!), o que significa o mesmo que "Deixe seu entusiasmo conduzi-lo". Nesse sentido, o entusiasmo é, evidentemente, mais do que apenas uma forte emoção. O que nos traz alegria não é simplesmente aquilo que nos diverte. Nosso desejo autêntico é mais profundo do que nossos anseios.

Para descobrir qual é realmente seu desejo mais profundo, você precisará de um lugar onde possa estar sozinho, sem ser perturbado e com tempo à vontade para que possa ficar totalmente quieto. Para encontrar clareza interior, é necessário quietude – dentro de nós e ao nosso redor. Uma imagem frequentemente usada para isso é a água turva e agitada numa lagoa. Na quietude, ela se torna cristalina por si só. Você não precisa fazer nada além de esperar até que os sedimentos se decantem e, então, possa enxergar até o fundo. A quietude também é indispensável para ouvir a voz tênue do coração – a voz de nosso desejo mais profundo. Ela fica sempre abafada pelos gritos barulhentos de nossos anseios, mas nunca se cala completamente. Anseios vêm e vão. Para conhecer o desejo permanente do nosso coração, portanto, podemos nos perguntar: O que eu ainda desejaria se todos os meus anseios fossem satisfeitos?

A resposta para isso, ao mesmo tempo, também nos esclarece o que nos entusiasma permanentemente. O entusiasmo, no sentido de Campbell, nos conduz à trajetória do herói que, de acordo com o mito, deve passar por provações mortais terríveis, a fim de alcançar o propósito inspirador de seu desejo. Somente aquilo que nos prepara para o extremo é que corresponde ao nosso verdadeiro entusiasmo; é ele que pode nos guiar.

A segunda pergunta que pode nos ajudar a reconhecer nossa vocação diz respeito ao nosso talento. O que a vida me deu para usar com determinação? Devemos considerar isso da forma mais sóbria possível. Pode acontecer de aspirarmos a um admirado modelo que possui um talento completamente diferente do nosso. Mas é nosso próprio talento que conta; ele também é único. Talvez nos pareça difícil acreditar em nossa singularidade. Mas se nem mesmo nossas impressões digitais encontram outras iguais a ela, entre todos os bilhões de seres humanos, muito menos isso poderia se aplicar à mistura diversificada de tudo aquilo que constitui nosso talento. Isso também inclui a motivação, a perseverança e tudo o que precisamos para melhorar nossos talentos por meio da prática. Sim, mesmo nossos defeitos são uma parte importante de nosso talento. Eles podem se tornar um incentivo para que os compensemos e superemos; e tal esforço desenvolve em nós uma força moral que falta aos outros, porque eles nunca tiveram que se esforçar tanto. As deficiências físicas, de maneira semelhante, também podem se tornar um incentivo e, portanto, também fazem parte do que nos foi dado – como talento – pela vida. Se Helen Keller (1880-1968) não tivesse ficado cega e surda, ela provavelmente nunca teria se tornado a grande escritora, ativista e conselheira admirada por milhões de pessoas agradecidas.

Não importa o quão talentoso você seja, será necessário esforço e perseverança para fazer algo com seus talentos. Com diligência e paciência você pode fazer florescer até mesmo os talentos aparentemente pequenos e eles irão trazer uma rica colheita – para você e para o mundo inteiro. No grande coro, cada voz é imprescindível; na grande dança, cada bailarina e cada bailarino é insubstituível.

Nossa terceira pergunta só podemos responder quando tivermos respondido as duas primeiras. Temos então pelo menos uma noção da direção de nosso desejo permanente, ao qual nosso mais profundo entusiasmo quer nos conduzir. E conhecemos nossos pontos fortes e fracos que podem nos ajudar ou atrapalhar no caminho. Esses são requisitos para se perguntar a seguir: que oportunidades a vida me oferece para me aproximar do meu objetivo? Em linhas gerais, podemos ser capazes de prever essas oportunidades, enquanto reservamos tempo em quietude, para ter uma visão geral de nossa situação e para planejar. Mas será mais importante repetir sempre essa pergunta. A vida nos oferece a cada dia e a cada hora inúmeras oportunidades para escolher. Temos que ficar de olho em nosso desejo e em nosso talento. Somente tendo eles em vista é que enxergaremos oportunidades que, de outra forma, poderíamos ter deixado passar, mas que agora escolhemos dentre as possibilidades dadas. Tudo depende de deixar que até nossas menores decisões sejam determinadas por nosso direcionamento maior. O caminho para o objetivo consiste em muitos passos pequenos, assim como em uma caminhada. Para a orientação geral, não podemos esquecer de ler a bússola; porém nosso próximo passo deve ser adaptado ao terreno naquele local exato. O que a vida nos traz corresponde ao terreno – que muda um pouco a cada momento. Isso exige atenção.

É claro que apenas uma pequena porcentagem de jovens têm a possibilidade de escolher uma carreira profissional com a ajuda dessas três perguntas. Enquanto estes muitas vezes se sentem sobrecarregados pela abundância de escolhas que lhes é oferecida, a maioria das pessoas no mundo inteiro não tem escolha alguma e tem de ficar feliz em encontrar algum tipo de trabalho para seu sustento. Devemos fazer todo o possível para mudar uma ordem social injusta que viola a dignidade humana dessa forma. E o que podemos dizer aos jovens que não têm nenhuma chance de escolher uma carreira?

Se levarmos a situação deles a sério, torna-se claro que o fator decisivo em nossa vocação não são as circunstâncias externas, mas nossa atitude interior. Nossa verdadeira vocação não é aquilo que fazemos. Sobre isso só podemos decidir de maneira limitada. Mas *como* fazemos isso depende de nós. Não é o nosso lugar na roda de dançarinos que importa, mas sim como dançamos — com atenção e respeito por todos os outros, especialmente aqueles que dançam ao nosso lado. Amar aos distantes é muito mais conveniente do que amar ao próximo. Afinal, não exige de nós nada de concreto. Somente por meio de nossos vizinhos, nossos vizinhos na roda de dança, a quem seguramos pela mão, é que estamos conectados com todos os outros.

Há algo mais que precisamos considerar em relação à vocação, duas palavras-chave que são tão importantes para nós que vivemos hoje, precisamente porque as pessoas nos parecem tão problemáticas: compromisso e apego. A ideia de perda de liberdade que associamos a esses termos imediatamente desperta o pânico em muitas pessoas. Vamos olhar honestamente para essa dificuldade e perguntar: em uma tarefa ou relacionamento, o que faz com que hoje seja tão difícil qualquer comprometimento? Três razões sérias poderiam ser as seguintes: o aumento de nossa expectativa de vida, a mudança em nossa civilização em tantas áreas diferentes e, desencadeada sobretudo pela velocidade dessa mudança, uma inquietação psicológica generalizada. Como podemos aprender a lidar com essas condições que tanto dificultam assumirmos compromissos? Vamos analisá-las individualmente a seguir.

O fato de vivermos mais tempo do que nossos antepassados é uma conquista da medicina e da higiene, às quais certamente podemos ser gratos, especialmente enquanto estivermos saudáveis. Em média, ganhamos mais que o dobro de anos de vida em relação às pessoas que viviam há apenas algumas gerações. Mas como se poderia esperar que assumíssemos compromisso com algo por muito mais tempo do que nossos ancestrais? Enquanto isso, tudo ao nosso redor está mudando muito mais rápido do que antes. Nesse sentido, pode nos ser útil distinguir entre a forma e o conteúdo de um compromisso. Podemos permanecer fiéis a uma promessa, embora a forma na qual a cumprimos possa mudar no decorrer da vida. Nossos avós ainda não faziam esta distinção. A mentalidade da sociedade naquela época não teria permitido isso. Assumir um compromisso de vida significava, naturalmente, cumpri-lo de uma única e mesma forma ao longo da vida. Hoje, a sociedade se tornou mais flexível e aberta a mudanças. Agora é facilmente possível realizar algo com o qual nos comprometemos por toda nossa vida, de formas muito diferentes e sucessivas. Nós nos comprometemos com nosso desejo mais profundo, não com esta ou aquela forma de sua realização. Podemos exercer várias profissões uma após a outra e, assim, desenvolver uma diversidade de nossos talentos, mantendo-nos fiéis a nossa vocação mais profunda e sem nos desviar do caminho de nosso entusiasmo permanente.

Agora, é difícil ignorar a agitação psicológica que torna tão difícil para nós, hoje, nos comprometermos com qualquer coisa a longo prazo. A mídia deve se adaptar à cobertura frenética de notícias para acompanhar nosso anseio por estímulos sempre novos. Quase ninguém mais lê textos longos o suficiente para fazer jus a um assunto. O conteúdo precisa ser reduzido a *"soundbites"* (trechos curtos de falas), devido à curta duração de nossa capacidade de concentração, que está ficando cada vez menor. Quem manda uma mensagem quer uma resposta imediata. Tudo o que leva tempo nos deixa impacientes. Desaprendemos de apreciar a expectativa que nos é presenteada quando temos que esperar por algo – a capacidade de controlar impulsos e de adiar recompensas, conforme os psicólogos a denominam. Sua ausência é um grave defeito de personalidade e também indica uma relação conturbada com o tempo: um medo permanente de perder tempo, de precisar de mais tempo, de não ter tempo. Sentimos que o tempo escorre e nós com ele.

> Eu escorro, escorro
> como a areia que escoa pelos
> dedos.

Assim lamenta a *"voz de um irmão mais novo"*, no "Livro de horas" de Rilke, e muitos jovens de hoje têm esse sentimento. Na realidade, porém, o tempo é a batida ritmada da vida e podemos aprender a dançar acompanhando-a. Mas isso requer que superemos nossa tendência à pressa e pratiquemos a quietude.

"Eu disse à minha alma, fica quieta e aguarda", diz T. S. Eliot. Mas ele também sabe que a quietude pode se tornar assustadora, porque nos rouba o barulho com o qual gostamos de nos distrair da escuridão que emerge dentro de nós quando ficamos quietos. Não tenha medo, diz o poeta, você pode confiar na escuridão e na

quietude interior. E ele conclui com as palavras reconfortantes: "*A escuridão será a luz, e a quietude será a dança*". Portanto, se queremos reencontrar uma consciência saudável do tempo, devemos primeiro nos conscientizar de que não estamos em sincronia com a grande dança. Rilke sabe: não estamos unidos com o ritmo de vida e, portanto, não estamos unidos com nós mesmos.

> Não estamos unidos. Não nos
> entendemos como
> aves migratórias. Superados e
> atrasados,
> de repente importunamos ventos
> e caímos em uma lagoa inerte.

E nos "Sonetos para Orfeu", ele diz:

> Somos os que movimentam
> Mas o passo do tempo,
> tomai-o como um detalhe
> no sempre duradouro.
>
> Tudo o que se apressa
> já estará terminado;

pois só o que permanece
nos inicia.

Rapazes, não joguem
a coragem na rapidez,
nem na tentativa de voar.

Tudo está em repouso:
Escuridão e claridade,
flor e livro.

Também nós, portanto, iremos querer construir períodos de quieto repouso em nosso cotidiano – por mais breves que sejam os momentos em que todos nós desligamos nossas telas. Talvez consigamos colocar um ponto final claro pelo menos no fim do nosso dia de trabalho, depois de todo o movimento apressado, a fim de dedicar nossa noite a coisas de valor duradouro. Para mim mesmo, isto se tornou extremamente importante. Como escritor, eu tinha o hábito, quando ficava cansado demais, de marcar até onde eu tinha chegado no texto com "Continuar amanhã a partir daqui". Então um dia tive a ideia de escrever, em vez disso, a data e a expressão "*happy hour*". Ainda hoje fico admirado com a alegria que me traz essa maravilhosa expressão do fim de expediente. Mesmo quando estou escrevendo, começo agora a celebrar a noite com algum lazer. Afinal, lazer não é um luxo daqueles que têm condições de reservar um tempo para si; o lazer é a virtude daqueles que dão uma quantidade de tempo justa a tudo o que precisa de tempo. Após o trabalho feito, merecemos tempo para fazer o que nos faz felizes. Milhões de pessoas têm que se esgotar trabalhando até a exaustão completa e mal têm tempo livre o suficiente para dormir. Com isso também, nossa ordem social viola a dignidade humana e clama por nosso compromisso pelo tempo justo de lazer. Mas a inquietação de que estamos falando aqui também faz com que milhões de pessoas que estão em melhor situação não consigam encontrar lazer, mesmo em seu tempo livre. "*O lazer, assim como os fatos externos da pausa no trabalho, do tempo livre, do fim de semana e do feriado, não é dado. O lazer é um estado da alma!*" Isso foi escrito por Josef Pieper (1904-1997), que enxergava o lazer como requisito para toda cultura. Somente por meio do lazer podemos encontrar o ritmo certo para o trabalho e o descanso, para estarmos sozinhos e juntos com os outros, para dormir e acordar e para tudo o que fazemos. Nós entramos no ritmo da grande dança.

Na imagem da ciranda sempre reverbera a ideia de comunidade. Temos que enfatizar isto porque na dança de hoje, muitas vezes, apenas a música é o que une, mas os dançarinos individuais executam seus próprios movimentos e passos, em geral de modo independente um do outro. Na roda de dança, eles dançam uns com os outros; ela une os dançarinos em uma comunidade. Passando para a vocação e a escolha de carreira, isto significa que não posso dizer: "A vida é minha e eu posso fazer o que eu quiser com ela!" Com esta atitude bastante comum, você coloca um pesado fardo sobre si mesmo. Ou seja, se você pode fazer o que quer de forma independente, então só você deve decidir o que fazer. Não é de se admirar que isso lhe cause angústia. Na realidade, a coisa é muito mais simples: você não consegue fazer isso de forma completamente independente. Sua vida está indissociavelmente ligada à vida de todos os outros – o universo inteiro. A vida que tudo engloba lhe mostrará logo o que você deve fazer com sua parte do todo. Nisso você pode confiar tranquilamente.

A liberdade pessoal e a independência de que desfrutamos hoje é um grande avanço, mas levamos isso longe demais — de tal forma que nos perdemos na alienação e no isolamento. Isso exige que valorizemos e preservemos tudo o que é valioso em nossa independência, mas que aprendamos também a combinar a liberdade pessoal com uma consciência de interdependência.

Vamos dizer novamente, pois merece ser repetido com frequência: Podemos confiar na vida, podemos confiar-nos ao mistério que em contrapartida "nos espera". Há ocasiões em que essa confiança é nitidamente reconhecida e solenemente expressa — momentos de confiança mútua entre duas pessoas ou entre uma pessoa e toda uma comunidade. Isso pode até ser uma conexão e um vínculo para toda a vida. Isso requer que as pessoas que se ligam umas às outras em liberdade vejam, com tal clareza interna, que pertencemos juntos. Desse modo, elas podem prometer apoio mútuo, não importa o que possa acontecer. Tais momentos misteriosos, pois é isso que são — momentos cheios da presença do grande mistério —, tais momentos da mais elevada vitalidade, são celebrados com rituais solenes desde os tempos pré-históricos.

Pode-se pensar que com esses rituais as pessoas prometem umas às outras *aguentar juntas* tudo o que possa vir. Mas a verdade é que elas expressam sua confiança de que o grande mistério as *levará juntas adiante*. Essa confiança importante e de grande alcance é, a partir de agora, sua vocação comum. O que está por vir muitas vezes não será fácil: ponderações sensatas nos mostram isso. Quem questiona a decisão, quando a coisa fica difícil, desperdiça por meio do questionamento uma energia, que ele precisa para permanecer fiel à promessa – sua própria promessa, a da outra pessoa e a promessa da vida, que em tais ritos sagrados fala com mais clareza do que de costume. Essa clareza da vocação é um grande dom, mas certamente também um dom raro.

A resposta a cada vocação seguirá um processo de três passos: ficar quieto, senão não conseguimos escutar; escutar, senão não podemos ouvir para o que a vida nos chama; e responder ao chamado que ouvimos – parar, perceber e fazer. Isso se aplica à vocação de modo geral, mas precisa ser praticado momento a momento nas coisas menores. Chamamos esse exercício de *Stop – Look – Go*: pare – olhe – vá.

20

Stop – Look – Go

Praticando no caminho do fluxo da vida

As crianças nos Estados Unidos aprendem com o "*Stop – Look – Go*" a atravessar a rua em segurança. Essas três palavras são também a fórmula mais simples para continuar sempre praticando a vida com gratidão. Vamos aqui observá-las individualmente.

Stop – todo o restante depende deste primeiro passo. Parar e aquietar-se são absolutamente necessários antes que possamos escutar à vida, a fim de dar nossa resposta de forma completa e agradecida.

O efeito que essa aquietação deseja é o repouso interior. O silêncio nos ajuda nisso. Mas muitas pessoas hoje estão tão habituadas ao barulho e à agitação, que o silêncio e a quietude as fazem sentirem-se inicialmente desconfortáveis. É uma questão de hábito. Podemos praticar o silêncio e a quietude – cada dia um pouco mais. Com um pouco de prática, logo nos sentiremos à vontade. Então, o nosso interior tranquilo se tornará uma fonte de profunda alegria. O silêncio faz com que "o ouvido do coração", conforme denomina São Benedito, ouça nitidamente tudo o que a vida nos concede. Só então poderemos responder à altura. A partir disso chega-se aos dois próximos passos: perceber nitidamente é o *"Look"* e nossa resposta é o *"Go"*.

Em um poema com não mais que dez versos, Rilke nos conduz por esses três passos – do parar quieto (*"Stop"*), passando pelo perceber (*"Look"*) até a ação alegre (*"Go"*). O poeta reza por uma quietude livre de distúrbios externos e internos, para que nela possa atingir um grau tão elevado de captação que sua receptividade chegue *"até à beira"* do grande mistério. Então, ele espera ser capaz de *"possuir"* o que observou – evidentemente, *"durante apenas um sorriso"*, pois ele mesmo deve estar rindo da ideia de possuir o mistério.

Pelo contrário, o mistério toma posse de nós no momento em que ficamos "*ao menos uma vez (...) bem quietos*". Essa quietude — "*Stop*", em seu significado mais profundo — é em si um aspecto do grande mistério em sua profundidade silenciosa. A partir dela deve vir nossa percepção interior, para que ela possa levar à ação alegre, à disposição para "*dar de presente a toda a vida como um agradecimento*" tudo o que nosso coração pode guardar daquilo que observamos. Mas trata-se inicialmente do primeiro passo, do parar, do "*Stop*", do aquietar-se:

> Se ao menos uma vez ficasse tudo
> bem quieto.
> Se o casual e o vago
> se calassem e o riso vizinho,
> se o barulho que fazem meus
> sentidos
> não me impedisse tanto de
> despertar — :
>
> Então eu poderia, em milhares de
> pensamentos até à beira de ti,
> pensar em ti

> e possuir-te (durante apenas um
>   sorriso),
> para dar-te de presente à toda a
>   vida
> como um agradecimento.

Look — ancorados em nossa quietude interior, podemos agora, como um segundo passo, despertar com todos os nossos sentidos para tudo o que há. O "*Stop*" — a fração de um momento em que paramos — foi suficiente para deixar nossa observação "madura" e agora pode se tornar verdadeiro o que nosso poeta captura em uma de suas imagens mais belas:

> Meus olhares estão maduros e,
>   como uma noiva,
> para cada um vem aquilo que ele
>   deseja.

Tudo aquilo que percebemos vem até nós como uma noiva. E como encaramos essa vida que vem como uma noiva ao nosso encontro? Na maioria das vezes nem temos consciência de como nós, de modo rude, impaciente, ou mesmo atrevido e violento, nos apoderamos de tudo o que chega aos nossos olhos, simplesmente pela dureza com que olhamos. No entanto, podemos aprender a abraçar tudo o que vemos com olhares mais suaves, assim como um noivo abraça a noiva – e se deixa ser abraçado por ela. Assim, veremos a oportunidade, que estamos procurando com nosso "Look", não como uma possibilidade de *tirar proveito* de tudo o que a vida está nos oferecendo neste momento. Seria muito mais uma questão de *desfrutar*.

Aqui encontramos novamente uma distinção, frequentemente ignorada, mas que há muito tempo desempenha um papel importante no pensamento ocidental, entre os termos latinos "*uti*" (usar, utilizar) e "*frui*" (fruir, desfrutar). Quando aprendemos a distinguir entre essas duas atitudes em relação à vida – pois afinal é isso que elas são – e ao mesmo tempo as combinarmos, então nosso "*Look*", nosso perceber interior, pode desdobrar-se em uma verdadeira festa: uma celebração da vida.

Não só nossos olhos podem aprender essa postura. Limitar aqui o "Look" apenas ao olhar seria um equívoco. Cada um de nossos sentidos pode despertar da letargia e se alegrar com a riqueza que a vida se espalha festivamente diante de nós. Para isso convida Rilke o nosso paladar em um de seus *Sonetos a Orfeu* (*Sonette an Orpheus)*. Ao desafiar-nos com *"Ousai dizer o que chamais de maçã"*, ele quer nos conscientizar de que muitas vezes, de modo leviano e pretensioso, presumimos conhecer algo só porque sabemos nomeá-lo.

Se, em vez disso, nos aventurarmos simplesmente em saboreá-la, tal como fazem as crianças, então o poeta nos pergunta: *"Estais lentamente ficando sem nome na boca?"* E teremos que admitir: *"Onde então havia palavras, fluem achados"*. Esses achados são *"ambíguos"* e, portanto, *"locais"*, porque vivemos aqui no duplo domínio — no duplo domínio de *"morte e vida"*. Esta maçã, esta pera, elas estão vivas e elas morrem no mesmo momento em que nós vivemos delas. Com essa experiência, mesmo que apenas *"suspeitemos"*, já estamos no meio do grande mistério.

> Repleta de maçã, pera e banana,
> groselha... Tudo isso fala
> de morte e vida na boca... Eu
>   suspeito...
> Lede no rosto de uma criança,
>
> quando saboreia.
> Isto vem de muito longe.
> Estais lentamente ficando sem
>   nome na boca?

Onde então havia palavras, fluem
achados,
surpreendentemente liberados da
polpa de fruta.

Ousai dizer o que chamais de
maçã.
Esta doçura que primeiro se
condensa
para, tranquilamente erguida na
degustação,

ficar clara, desperta e
transparente,
ambígua, ensolarada, terrena,
local –
Ó, experiência, contato,
alegria – colossal!

O bem-aventurado balbucio dos últimos versos testemunha a emoção. Quem, com tal intensidade, se torna *"aberto e receptor"* (expressão proveniente de outro dos "Sonetos a Orfeu"), com qualquer dos sentidos – é agarrado pelo mistério que o poeta aqui vislumbra na degustação das frutas. O mistério fala com ele, *"fala (a ele) [...] na boca"*, conforme expressa de modo tão arrojado, mas não com palavras: "*Onde então havia palavras, fluem achados*".

Como devemos entender isso? Para esse entendimento, será vantajoso considerarmos uma percepção que já discutimos: o Isso, que dá tudo, e o Você, que possibilita meu Eu-Dizer, são apenas duas experiências diferentes de um mesmo mistério insondável e inesgotável. Mas este é também o motivo pelo qual me é permitido entender tudo o que há, que o Isso dá, como uma palavra com a qual o grande Você pessoalmente fala a mim. Evidentemente, o mistério não fala palavras que possibilitem um compreender, mas sim "palavras" que são "*achados*" e que transmitem um entender. "*Look*" é o passo do perceber no qual "*saboreamos*" essas palavras. O próximo passo se trata do processo de entender essas palavras, que só nos é concedido por meio do "*Go*" — ou seja, por meio da ação.

"*Go*" — um poema de Rilke pode nos ajudar a entender também este terceiro passo. O poeta usa a imagem de arremessar a bola para ilustrar do que se trata afinal a autêntica ação, que pressupõe parar e perceber. Jogar bola consigo mesmo não é uma ação autêntica, "*para valer*" neste sentido, mas apenas um exercício de "*habilidade*"; e o que ela alcança é "*irrelevante*" – ou seja, não conta. A ação se torna autêntica "*só quando de repente te tornas o pegador da bola que uma eterna companheira de jogo a ti arremessa*". Essa "*companheira de jogo*" representa aqui o grande mistério. Reconhecemos isto porque é chamada de "*eterna*" e porque a relação que surge de seu arremesso provém "*da grande construção de pontes de Deus*".

O fato de essa "*companheira de jogo*" ser no feminino nos lembra que tudo aquilo que percebemos de coração aberto vem ao nosso encontro "*como uma noiva*". Quando abraçamos tudo o que nos é lançado pelo destino – como noiva ou bola – então nosso "*conseguir-pegar*" não é mais exercício, mas *fortuna* no sentido de ser capaz. Assim o mistério no espaço brinca com o mistério em você – em última instância, o mistério único consigo mesmo. "*Lila*" é como o hinduísmo denomina esse jogo. Mas para entrar plenamente nesse jogo, você deve possuir "*força e coragem para arremessar de volta*" – e ainda mais: você deve esquecer completamente sua decisão corajosa e seu esforço e já a ter "*arre-

messado" – como por si só. Vimos isso, de forma tão impressionante, no exemplo do bombeiro ou da mãe que salva seu filho. O exemplo que o poeta indica são "*as revoadas de aves migratórias*", que fazem instintivamente aquilo que em nós, humanos, requer disposição voluntária. Por meio dela, porém, também podemos participar do jogo "para valer" e nossas ações cotidianas tornam-se então – bem discretamente – um acontecimento cósmico: a bola torna-se então um "*meteoro e corre para seus espaços...*" Não são mais apenas nossos espaços onde nossas ações acontecem; nosso cotidiano participa do grande mistério que joga no cosmo.

> Enquanto estiveres pegando algo
>   arremessado por ti mesmo,
> é tudo habilidade e ganho
>   irrelevante –;
> só quando de repente te tornas o
>   pegador da bola
> que uma eterna companheira de
>   jogo
> a ti arremessa, a teu meio, com
>   precisão,
> num impulso hábil, num daqueles
>   arcos

da grande construção de pontes
de Deus:
só então o conseguir-pegar se
torna uma fortuna, —
não a tua, a de um mundo. E se
acaso possuíres
força e coragem para arremessar
de volta,
não, mais maravilhoso ainda: se
esqueceres coragem e força
e já a tiveres arremessado [...]
(como o ano
arremessa os pássaros, as revoadas
de aves migratórias
que um calor mais velho lança
para um mais jovem sobre os
mares —) só
nessa ousadia é que jogas para
valer.
Não te facilites mais o arremesso;
não mais
o dificultes para ti. De tuas mãos
seus espaços...

Mas não conseguimos fazer isso de uma vez
por todas. Temos que nos esforçar repetida-

mente para isso, antes que se torne uma segunda natureza para nós. O poeta sabe o que torna tão difícil para nós participar desse jogo de bola. Na quarta das Elegias de Duíno encontramos a causa — aqui também na imagem das aves migratórias, em versos que já citamos na seção sobre vocação:

> Não estamos unidos. Não nos
> entendemos como
> as aves migratórias. Superados e
> atrasados,
> assim nos impomos aos ventos de
> repente
> e caímos em uma lagoa inerte.

"*Não estamos de acordo*" com nós mesmos, porque estamos presos no Ego, então também "*não estamos de acordo*" uns com os outros e por causa de nossa vontade própria também "*não estamos de acordo*" com o caminho do fluxo da vida. Como não nos aquietamos e escutamos, estragamos o momento certo. Então, "*de repente nos impomos*" ao episódio em vez de fluir com ele. E a única coisa que importa, porém, é a harmonia com a vida. Somente quando agimos em sintonia com a vida é que o poder da vida flui através de nós. Tanto faz se trabalhamos no jardim, lemos um livro, passamos uma camisa ou participamos de uma teleconferência, um "bom trabalho" é como um jogo de bola cósmico, *"como uma dança sagrada"*. O filósofo taoista Chuang Tzu (369-286 a.C.) aplica essas imagens da dança sagrada e do bom trabalho em seu poema *"Dividir um boi"*. Nos tempos do príncipe Wen Hui, os açougueiros e seu ofício eram desprezados na sociedade chinesa. Entretanto, um dia o príncipe observou seu cozinheiro cortar um boi e exclamou com entusiasmo: *"É isso! Meu cozinheiro me mostrou como eu deveria viver minha vida!"* Muito mais de dois milênios depois, podemos exclamar a mesma coisa, pois a descrição de Chuang Tzu mostra exemplarmente o que sempre permanece válido: O agir correto segue o caminho do fluxo, *"conforme a natureza o abre"*.

"Sim, às vezes há juntas mais duras", mas o cozinheiro nos ensina como lidar com elas. *"Eu as percebo chegando, vou mais devagar"* — então ele volta para o *Stop*; *"eu olho direito"* — ele volta para o *Look*. E então: Eu *"me contenho, mal movo a lâmina"* — o seu *Go* agora flui *"sem esforço"* com a

energia da própria vida: "*A intuição faz o trabalho sem planejamento; ela segue livremente seu instinto*". Mas vamos passar a palavra para Chuang Tzu:

O cozinheiro do Príncipe Wen
  Hui
estava cortando um boi.
Braço esticado,
ombro encurvado;
ele firma bem seu pé no chão,
ele dobra o joelho,
o animal já está
ali em pedaços.
O cutelo amolado sussurra
como um sopro de vento.
Com ritmo! Com medida!
É como uma dança sagrada,
como uma ciranda de crianças,
como harmonias ancestrais.

"Isso é o que eu chamo de bom
  trabalho!"
exclama o príncipe, "Método
  perfeito".
"Método?", diz o cozinheiro
e põe de lado seu cutelo.
"Eu sigo o *tao*;
para além de qualquer método!

Quando eu comecei
a cortar bois,
via o animal inteiro
e pesado na minha frente:
uma única massa.

Depois de três anos,
em vez dessa massa, eu via
as linhas finas de separação.
Mas agora eu não vejo nada
com meus olhos. Meu interior
simplesmente capta o todo.
Meus sentidos estão ociosos. A
  intuição
faz o trabalho sem planejamento;
  livremente
ela segue seu instinto.
Assim meu cutelo encontra
sem esforço a fissura escondida, o
  caminho secreto,
conforme a natureza o abre.
Eu não talho nenhuma
  articulação, eu não quebro
nenhum osso.

Um bom cozinheiro precisa todo
  ano

de um novo cutelo. Ele corta.
Um mau cozinheiro precisa todo
  mês
de um novo cutelo. Ele sai
  talhando.
Este cutelo eu uso
há dezenove anos,
já cortou
milhares de bois.
Está tão afiado
quanto no primeiro dia.

As juntas têm lacunas entre elas;
a lâmina é fina e afiada:
ela encontra essas lacunas.
Não precisa de mais espaço!
Depois, passa sem resistência.
É por isso que a lâmina
  permanece há dezenove anos
como se tivesse acabado de
  amolar.

Sim, às vezes há
juntas mais duras. Eu as percebo
  chegando,
vou mais devagar, eu olho direito,
contenho-me, mal movo a lâmina

e solta-se! A peça de carne cai
como um pedaço de argila.

Depois deixo a lâmina descansar,
faço uma pausa
e deixo a alegria do trabalho
atravessar-me completamente.
Eu limpo a lâmina
e guardo-a".

"É isso!" exclamou o príncipe
 Wen Hui,
"meu cozinheiro me mostrou
como eu deveria
viver minha vida".

Uma vez, em uma viagem de ônibus de um
dia, deram-me o presente de sentar-me ao lado
de um açougueiro que me contou de seu trabalho. Ele certamente nunca tinha ouvido falar
do taoísmo, muito menos do poema de Chuang
Tzu, mas eu mal podia acreditar em meus ouvidos, de tão parecida era a orgulhosa descrição de suas habilidades com à do cozinheiro do
Príncipe Wen Hui, seu colega taoísta de tanto tempo atrás. Agora isso não me surpreende mais. Para mim ficou evidente que nosso

"*Stop — Look — Go*" não é um método inventado por alguém, mas a fórmula que serve de base a todos os métodos espirituais clássicos — o caminho do fluxo atemporal, "*conforme a natureza o abre*", para que aprendamos a viver em harmonia com o universo.

"Método?", diz o cozinheiro
e põe de lado seu cutelo.
"Eu sigo o *tao*;
muito além de qualquer método!"

No início, é claro que podemos usar o "*Stop — Look — Go*" também como um método. Mas o objetivo é que ele se torne uma segunda natureza para nós por meio da prática. Desse modo, nossa intuição segue livremente seu instinto, sem planejamento, e encontra o caminho de fluxo "*muito além de qualquer método*".

Certamente isso requer treinamento — como em qualquer outra prática espiritual. Todos os caminhos espirituais têm o mesmo objetivo: viver no agora. "*Stop — Look — Go*" também tem esse mesmo objetivo. Um caminho muito *simples*, mas simples não significa o mesmo que *fácil*, especialmente no início. No entanto, sua simplicidade oferece uma grande vantagem em comparação com outras práticas espirituais: podemos praticar o *"Stop — Look — Go"* em qualquer lugar e a qualquer momento: tanto no ambiente de trabalho quanto em um local de quietude; tanto no metrô quanto em uma trilha na serra. E sempre que praticamos estes três passos simples, ele nos traz para o agora.

E por que isso é tão importante? Porque no agora o Ego não pode sobreviver. O Ego está sempre envolto no passado, sente-se como uma vítima, luta com a culpa do passado ou sente falta dos "bons velhos tempos". Ou está enredado no futuro e espera impacientemente por ele, ou tem medo dele. Para me encontrar no Agora, tenho que reunir meu Ego, que está espalhado pelo passado e pelo futuro, no meu *"meio do sempre"*. Porque o *"Stop — Look — Go"* me traz para dentro do Agora, me traz para mim mesmo. Eu volto da ilusão do Ego para a realidade do Eu-Mesmo.

Isso agora torna possível a orientação: orientação em relação à realidade e, portanto, também em relação à realidade última, o grande mistério. Toda vez que fazemos uma pausa, mesmo que por um momento, o mistério nos abraça como silêncio. Toda vez que ouvimos, da quietude interior, aquilo que o momento nos concede, os ouvidos do nosso coração se abrem para o mistério como palavra. E, toda vez que, por meio de nossa ação, dermos a essa palavra uma resposta, seja a um ser humano, um animal, uma planta, uma coisa ou um acontecimento, entenderemos o mistério incompreensível por meio de nossas ações, assim como só podemos entender a dança dançando.

Ao dançar, nossos três passos de "*Stop — Look — Go*" entram no fluxo — ele se mostra como um caminho de fluxo. Na mais alta densidade linguística, Conrad Ferdinand Meyer (1825-1898), em seu poema "*Der römische Brunnen*" (A fonte romana), captou o repouso no fluxo. Se nós — sem analisá-lo intelectualmente — permitirmos que este símbolo nos agarre, então podemos tomar consciência de que o caminho do fluxo através das três bacias é ao mesmo tempo o caminho para encontrar um sentido, pois "*cada uma recebe e dá ao mesmo tempo / e jorra e repousa*".

O sentido, entretanto, é aquele no qual o coração encontra repouso.

> Sobe o jato e, caindo, ele derrama
> Enchendo a bacia de mármore
> redonda,

Que, velando-se, transborda
Para o fundo de uma segunda
  bacia;
A segunda, que fica rica demais,
  dá,
Borbulhante, à terceira sua
  inundação,
E cada uma recebe e dá ao
  mesmo tempo,
E jorra e repousa.

Encontrar o repouso na agitação também significa encontrar um sentido. E isso se trata das atitudes fundamentais em relação à vida – e ao grande mistério. Nossos três passos de "*Stop – Look – Go*" nos permitem ver essas atitudes mais claramente.

1. Por meio do "*Stop*", praticamos a confiança na vida, que é a atitude que serve de base para todas as outras. Nossas atividades frenéticas são frequentemente tentativas fúteis de se substituir essa atitude de confiança por uma atitude de controle. Na linguagem das tradições espirituais, a confiança *radical na vida se chama: fé.*

2. Por meio do "*Look*", praticamos uma atitude que é tradicionalmente chamada de

esperança. A esperança é diferente de nossas esperanças, pois estas são sempre direcionadas a algo que podemos imaginar. A esperança, no entanto, é a *abertura radical para a surpresa* — para o inimaginável. Se é essa a postura com a qual observamos, escutamos e abrimos todos os outros sentidos, então uma nova dimensão é acrescentada à confiança na vida: a prontidão para as exigências que a vida nos impõe.

3. Por meio do "*Go*", respondemos então a essas exigências. Dessa maneira, entramos predispostos no relacionamento com toda a rede infinitamente ramificada da vida. Por meio dessa predisposição, dizemos um *sim radical ao pertencimento* — não com nossos lábios, mas por meio de nossas ações. Mas isso já conhecemos como a definição de amor. Assim como a atitude de fé se distingue da atitude de tomar como verdade e a esperança se distingue das esperanças, também o amor se distingue de nossas preferências, de nossos desejos. Por meio do "*Stop — Look — Go*" podemos renovar constantemente as atitudes de fé, esperança e amor — portanto, nossa relação com o mistério como centro de nossa orientação fundamental na vida — e, assim, encontrar sentido. Mesmo

uma criança pode seguir nossos três passos simples de "*Stop – Look – Go*" e encontrar alegria vital permanente por meio de uma vida agradecida. Pois "*Stop – Look – Go*" são os três passos da gratidão.

21

Gratidão

Um caminho para a plenitude

A gratidão faz com que seja surpreendentemente fácil viver com alegria. A gratidão pode nos ajudar a encontrar nossa orientação — e reencontrá-la toda vez que a perdermos. Toda pessoa na Terra sabe como faz se sentir bem ser agradecido. Toda cultura concede à gratidão um lugar de honra. Para toda religião, a gratidão é de importância central. Todas as tradições de sabedoria a valorizam muito. Esse apreço geral faz da gratidão um fundamento único e sustentável para a unidade entre nós, seres humanos, e uma força para se alcançar essa tão necessária unidade.

Desde os princípios da filosofia no Oriente e no Ocidente, temos buscado diretrizes para uma vida bem vivida. A gratidão está por trás da *reciprocidade* sobre a qual Confúcio (551-479 a.C.) construiu sua ordem social. Ele diz: "*Há uma palavra que poderia servir como uma regra prática de vida para todos: reciprocidade*". E Cícero (106-43 a.c.) chama de "*gratidão não só a mais alta das virtudes, mas também a mãe de todas as outras*". Mas o que queremos dizer propriamente com gratidão? A experiência diária nos mostra que o sentimento de gratidão surge espontaneamente em nós quando recebemos algo desejável como pura dádiva. Estes dois elementos devem vir juntos: o que recebemos deve parecer desejável, ou seja, valioso e, ao mesmo tempo, não merecido. Quanto mais apreciamos a dádiva e quanto mais claramente percebemos que não fazemos jus a ela, maior a gratidão que ela suscita.

Muitas vezes passamos nossos dias como sonâmbulos, tomamos como certo o que o destino nos dá, desde que seja agradável para nós, ou até mesmo pensamos que temos direito a isso e reclamamos de tudo o que é desagradável e difícil. Mas quando despertamos dessa sonolência letárgica, percebemos que a própria vida é o dom mais valioso, um dom que nos é dado todos os dias, de forma totalmente imerecida e esbanjadora. Este despertar suscita uma gratidão que pode mudar fundamentalmente nossa atitude em relação à vida. Assim, a gratidão se torna muito mais do que um sentimento ocasional. Ela pode se tornar nossa atitude básica para que possamos celebrar a vida inteira com gratidão. Agora temos a impressão de que, nessa direção, o caminho conduz a uma vida plena. De agora em diante, conhecemos nosso objetivo: viver com gratidão.

Mas será que não estamos vendo tudo cor de rosa? Será que somos capazes de realmente ser gratos por tudo o que o destino nos dá? A resposta é inequívoca: não! Há muitas coisas pelas quais ninguém consegue ser grato. Mas isso se refere apenas à embalagem. O presente em si — não importa a embalagem — é sempre a preciosa oportunidade que a vida nos oferece, por meio desse dom. Ambos os tipos de presentes — aqueles por cujas embalagens podemos ser gratos, mas também aqueles pelos quais isso não é possível – contêm o dom real: a oportunidade. Na maioria das vezes, é simplesmente uma oportunidade de nos alegrarmos. Mas só notamos isso quando começamos a praticar a gratidão. Com isso, gradualmente nos tornamos conscientes dos dons preciosos que até agora, sem nos darmos conta, tomamos como naturalmente dados. Agora nossos sentidos despertam e notam com admiração e alegria as inúmeras oportunidades de beber de fontes de alegria: podemos ver, ouvir, cheirar, saborear, tocar – oportunidades para nos alegrarmos, às quais mal prestávamos atenção antes. Nossos sentidos despertam. Descobrimos cada vez mais sobre a plenitude de nossa vitalidade.

Mesmo que nos aconteça algo pelo qual não possamos ser gratos – como assédio moral, traição ou infidelidade na vida privada ou pública, violência, opressão, exploração – mesmo nesses tipos de "embalagem", a vida nos oferece ao mesmo tempo o dom da oportunidade. Pode ser uma oportunidade para crescer interiormente, para aprender paciência e compaixão, para perdoar, mas também para protestar, para se defender, para assinar petições, para participar de manifestações – de modo pacífico, mas também determinado e enérgico. Por todas essas oportunidades, podemos de fato ser gratos. É verdade que, a princípio, pode ser difícil até mesmo perceber a oportunidade e, mesmo que consigamos, pode ser ainda difícil para nós demonstrar nossa gratidão ao fazer uso de tal oportunidade.

Mas mesmo que demonstremos gratidão pela oportunidade, será que somos realmente capazes de nos *sentirmos* gratos? Podemos sentir alegria no meio de uma situação ruim? Sim, podemos! Alegria é mais do que sorte. A alegria é a sorte que não depende do fato de termos êxito ou não. A alegria é o tipo de sorte que nosso coração deseja: a felicidade duradoura. A saúde pode se transformar em doença, a prosperidade em miséria, a felicidade em infelicidade. Mas, em meio a esses altos e baixos, a gratidão enche nossos corações de uma alegria contínua e tranquila. Não podemos ficar felizes com o fato de que estamos sofrendo de uma doença grave. Mas também podemos enfrentar esse infortúnio de modo criativo: podemos descobrir nele oportunidades surpreendentes e aproveitá-las. Isso nos dará, apesar de tudo, uma profunda alegria. Toda oportunidade pela qual somos gratos suscita alegria em nós, mesmo no meio do infortúnio. Devido a um câncer muito grave, uma jovem mulher teve contato com uma instituição que ajuda pessoas gravemente doentes a se adaptarem a uma alimentação saudável, a aprenderem a respirar de modo saudável, meditar, jogar e dançar, além de recuperarem seus relacionamentos fracassados e de colocarem em ordem suas vidas em muitas outras áreas. Cética no início, após algumas semanas a mulher disse estar todos os dias repleta de gratidão pelo fato de que a doença lhe havia dado a oportunidade de descobrir uma vitalidade totalmente nova.

Achamos que a sorte nos torna gratos. Mas vamos observar isso melhor. É o oposto: a gratidão é que nos torna felizes — com a felicidade duradoura a que chamamos de alegria. Acho que todos nós conhecemos pessoas que possuem o bastante para serem e, no entanto, não são nada felizes. Outras, ao contrário, irradiam alegria no meio das situações mais difíceis da vida. Por quê? Porque, em meio ao infortúnio, elas aproveitam as oportunidades com gratidão, enquanto outras tomam sua boa sorte como certa, fazem ainda mais exigências à vida e permanecem sempre insatisfeitas. É uma ilusão generalizada achar que temos o direito de fazer exigências à vida e isso inevitavelmente leva à decepção. O exato oposto de um comportamento exigente é viver de modo agradecido – e, assim, pleno. Também faz parte da vida plena que tenhamos em vista os direitos e deveres humanos na sociedade e que nos empenhemos em torná-los realidade.

É muito comum que turistas de países economicamente privilegiados simplesmente não consigam acreditar na alegria radiante das pessoas em países onde faltam até mesmo as necessidades mais básicas. Essa alegria tem um motivo. Você já notou como a alegria da gratidão surge no seu próprio coração? Primeiro você sente o apreço pelo dom erguer-se dentro de você – mesmo que seja só uma florzinha que uma criança lhe oferece – e, com toda quietude, preencher seu interior – até transbordar. Esse é o momento decisivo – semelhante ao momento em que a água, subindo em uma bacia da fonte sem fazer barulho, subitamente ultrapassa a borda, ressoando, borbulhando e brilhando à luz do sol.

Em uma sociedade rica, os sentimentos desse maravilhoso transbordamento nunca se concretizam. Precisamente no momento em que o apreço quer passar para alegria é que a propaganda se manifesta em alto volume. Ela berra em nossos ouvidos que há, sim, um modelo mais novo, maior e melhor, que nós definitivamente deveríamos ter. Então, bem no momento decisivo, aumentamos a bacia — e cada vez mais, de modo que nunca chegamos à alegria de transbordar. Pessoas pouco exigentes têm piscinas muito pequenas; uma gota é suficiente para fazê-la transbordar irrompendo de alegria. E assim elas brilham.

Por que essa alegria não poderia ser concedida também a nós? Devemos pôr um fim à pobreza — e o mais rápido possível. Mas podemos aprender a arte da vida simples. É a arte de desfrutar da qualidade, em vez de quantidade. Essa alegria ninguém pode nos tirar. Mas também ninguém pode nos dar. Ela brota da gratidão.

Agora, temos que admitir que nossa sociedade é tudo menos agradecida. Ficamos cada vez mais exigentes e achamos que está garantido aquilo que para nossos avós pareceria um luxo incrível. O economista Mario Quintana mostra que a economia inverteu completamente sua tarefa. Em vez de atender à demanda, ela se esforça para atiçá-la. Incitados pela publicidade, queremos cada vez mais e simplesmente achamos que tudo está garantido, sem realmente ficarmos satisfeitos. Somente a gratidão suscita a alegria. Nós anestesiamos nossas alegrias. Quem está desperto reconhece, em tudo o que existe, um dom do grande mistério, que tudo dá. Em todas as culturas tradicionais, a gratidão ao grande Você deu à vida sentido e centro. Para nós, essa consciência se perdeu.

Pela perda deste centro, o poeta irlandês W. Butler Yeats (1865-1939) nos dá a imagem de um falcão voando em círculos cada vez maiores, até não poder mais ouvir o apito do falcoeiro. Quando perdemos nossa relação com o grande mistério, isso provoca no mundo a pura desordem. Então, "*a maré turva de sangue*" de uma comunidade humana em desintegração domina "*a cerimônia da inocência*". Rilke chama a isso de "*Um jogo de forças puras, intocáveis por quem não se ajoelha e admira*". O famoso poema "*A segunda vinda*" (*The second comming*) foi escrito após o horror da Primeira Guerra Mundial, mas Yeats poderia igualmente tê-lo escrito em nossa época. Aqui está a primeira estrofe:

Voando em círculos cada vez
  maiores,
o falcão não pode mais ouvir o
  falcoeiro;
tudo desmorona; o centro não
  mais se sustenta;
mera anarquia solta-se no mundo,
a maré turva de sangue solta-se, e
  por toda parte
a cerimônia da inocência se afoga;
Aos mais bem intencionados falta
  toda a convicção,
enquanto os de pior intenção
  estão cheios de intensidade
  apaixonada.

Os dois últimos versos me inquietam mais: eu também tenho a melhor das intenções; mas não quero ser um dos a quem falta convicção. Os versos de Christopher Fry (1907-2005) soam como uma resposta a Yeats e uma sinal de alerta para mim:

Graças a Deus nosso tempo é
  agora: quando o mal
Se ergue por toda parte a nos
  desafiar
A nunca nos deixar até que
  realizemos

A maior jornada que nossa alma
já realizou.
A questão agora é do tamanho da
alma.
A aventura é
A busca por Deus.

Para enfrentar "*a questão agora*", precisamos
nos elevar ao pleno tamanho da alma, pois a
tarefa diante da qual estamos hoje consiste em
reorientar-nos em meio a uma sociedade deso-
rientada, reencontrando nosso relacionamento
com o grande mistério – Fry o chama de "Deus".
Vimos como o "*Stop – Look – Go*" sempre nos
ajuda a renovar essa orientação – quando com
ela alinhamos nossa vida mais íntima. A fim de
interromper e corrigir a destrutiva intensidade daqueles "*de pior intenção*", não basta a boa
intenção. Isso requer planejamento, coragem
e determinação – uma vigorosa espinha dorsal
espiritual. Somente o mais profundo de nossos relacionamentos – o relacionamento com o
grande mistério – pode tonificar suficientemente nossa espinha dorsal para suportar a pressão
da sociedade em uma tarefa tão grande.

A gratidão pode nos dar este vigor quando
ela se torna uma segunda natureza para nós. A

partir daí, nossa transformação pessoal pode se tornar o primeiro passo de uma transformação de toda a sociedade. É disso que se trata afinal, pois: *"o mal se ergue por toda parte"*. Estamos vivendo um momento na história em que nossa sociedade gerada pelo Ego parece ter chegado ao seu fim.

Desde o início, há cerca de seis mil anos, nossa civilização vem sendo moldada pelo Ego. A estrutura típica de nossa sociedade – a pirâmide do poder – tem as marcas do Ego: medo, violência, sede de poder, rivalidade e ganância. Só temos que lembrar o que caracteriza o Eu quando ele esquece seu Si-mesmo e se torna o Ego. Quando o Ego não lembra mais que, por meio do Si-mesmo, é um só junto com todos os outros, sente-se necessariamente sozinho, isolado e abandonado – e entra em pânico. Todos os outros aparecem repentinamente como rivais e o Ego procura se garantir sobre os outros, por meio do poder. A rivalidade com outros Egos leva à violência e o medo da escassez leva à ganância. Os que estão no topo da pirâmide defendem violentamente sua posição; os que se encontram bem mais abaixo tentam violentamente eliminar seus rivais; e todos vivem no medo de que aquilo que possuem possa não ser suficiente, de tal modo que a ganância leva a mais violência. Conhecemos muito bem este estado de coisas. Ele deve levar à autodestruição de nossa sociedade – ou a uma inversão radical.

A gratidão tem uma direção assistida, por assim dizer. Ela pode trazer não apenas a guinada pessoal de que precisamos, mas também a guinada social. A pirâmide de poder é construída com o medo, a gratidão supera o medo por meio da confiança. O Ego amedrontado precisa recorrer à violência; o Eu-Mesmo saudável pode se permitir a não violência, porque confia na vida. A confiança transforma a rivalidade em cooperação, a ganância em disposição de compartilhar e a própria pirâmide do poder em uma rede de redes.

Esta é a revolução de que precisamos: uma revolução que revolucione até mesmo o conceito de revolução. Revolução não significará mais a inversão da pirâmide no sentido de que aqueles que antes eram pisados por todos chegarão agora ao topo – e farão ali a mesma transgressão que fizeram aqueles que antes estavam por cima. Afinal de contas, não haverá mais topos. O poder não será mais capaz de arrogar autoridade para si mesmo; a autoridade baseada na sabedoria é que irá conferir poder: aqueles que puderem dar conselhos e percepções à comunidade em situações difíceis receberão posições de poder – pelo tempo em que seu serviço for necessário e não mais que isso.

Tais mudanças podem parecer utópicas, mas, analisando sem preconceitos, somente uma ordem social baseada na gratidão tem uma chance de sobrevivência. É de muito mais que a mera sobrevivência que se trata a vida agradecida, a qual segue o caminho do fluxo em harmonia com a ordem cósmica. A gratidão acrescenta à atenção uma nova dimensão: a reciprocidade. A atenção às vezes pode ser, infelizmente, bastante egocêntrica. Entretanto, como vimos muitas vezes, é por meio dos relacionamentos que encontramos sentido e orientação na vida. A reciprocidade confere à gratidão sua força revolucionária. Para perceber isso, basta imaginar uma sociedade em que a confiança recíproca segure a alavanca que atualmente é concedida ao medo, em nossa ordem social.

Ou uma sociedade em que a assistência recíproca tenha a alavanca que atualmente é reconhecida ao egoísmo, em nossa ordem social. Quando alcançarmos a massa crítica de pessoas agradecidas, poderá ocorrer uma reorientação surpreendente. A gratidão pode construir o tipo de mundo pelo qual todo coração humano anseia. Sua força vital é a força da própria vida. O caminho do fluxo pode mudar fundamentalmente nossa vida pessoal e a vida da sociedade, assim que abrirmos nossos corações, com vontade e energia, a esta possibilidade.

> Se uma canção dorme em todas
>   as coisas
> que lá sonham sem parar
> e o mundo começa a cantar,
> a palavra mágica você vai
>   encontrar.

A palavra mágica no conhecido poema de Joseph von Eichendorff (1788-1857), que acorda o mundo e o faz cantar, é a gratidão.

Parte II

Pontos de orientação

O ABC das palavras-chave

Um asterisco (*) se refere, em cada caso, a algum outro termo deste ABC das palavras-chave.

Advaita

É uma palavra de importância central no hinduísmo e significa literalmente "não dualidade". Mas por que expressá-la de uma forma tão complicada? Por que não dizemos apenas unidade? Porque se trata aqui de um aspecto muito especial da unidade, ao qual nos referimos quando dizemos, por exemplo, que dois amigos são um só. Eles são dois e, ainda assim, um.

Em nossas considerações encontramos algo semelhante quando falamos do Eu-Mesmo, mas sobretudo na relação mais íntima entre Eu e Você, até mesmo na relação entre o Eu e o Você primordial — entre nós e o grande mistério. Também a expressão "duplo domínio" de Rilke se refere à realidade *Advaita* (cf. tb. *Interior/Exterior*, p. 123).

Agora

É como denomino o ponto em que estou no tempo. Primeiro, isto só quer dizer que eu chamo de agora este ponto, no decorrer do tempo, em que eu estou agora mesmo. Mas acontece que a palavra "sou" tem significado somente no agora. Eu existo no agora e somente no agora. Tudo *é* ou *está* apenas no agora; no passado *foi*, no futuro *será*, mas apenas no agora *é*. Visto desta forma, por um lado, o agora está no tempo, por outro lado, o tempo em sua totalidade está no agora: cada ponto do passado foi agora e cada ponto do futuro será agora. O agora explode a medida do tempo para que o imensurável venha à tona: é o ponto no rio onde transcorre o tempo, em que o permanente vem à tona: a eternidade. O agora é a interseção entre o tempo e a eternidade (cf. tb. p. 132).

Alma

Do latim *anima*, é uma palavra usada em muitos sentidos, muitas vezes com uma definição muito imprecisa, por exemplo, nossa psique, nossa interioridade, a parte de nosso ser que é considerada imortal, o princípio de vida dentro de nós. Para nós, alma significa aquilo que dá a uma pessoa sua singularidade. Essa definição – consagrada na filosofia ocidental – não entende a alma como antítese do corpo, conforme se observa na expressão "de corpo e alma", mas sim indica que todo ser humano é um Si-mesmo, ainda que o Si-mesmo seja de fato indivisível. A palavra alma aponta para o fato surpreendente de que reconhecemos pessoas conhecidas mesmo após décadas. Elas continuam sendo elas mesmas. Mas como pode o Si-mesmo, que é único e idêntico para todos nós, caracterizar, ao mesmo tempo, nossa individualidade? O que nos distingue então? É a nossa corporalidade. Mas é uma corporalidade *animada*, isto é, com alma; um corpo humano que compartilha do Si-mesmo comum a todos os seres humanos. Mas o que torna possível nossa participação neste Si-mesmo indivisível? A resposta a essa pergunta é: *nossa alma*! É uma resposta, mas não uma justificativa. Nossa singularidade não pode ser justificada, ela é senão um fato que verificamos. O fato de que um único e idêntico Si-mesmo se apresenta para nós, em uma variedade aparentemente inesgotável, faz com que o conceito de alma seja necessário. Para entender isso corretamente, teríamos na verdade que começar com o espanto pelo fato de que o Si-mesmo indivisível nos encontra em uma tal diversidade de pessoas, das quais cada uma pode, com razão, dizer "Eu-Mesmo". A alma é nossa parcela em algo que é indivisível. Esse paradoxo é sintetizado – e frequentemente personificado – no conceito abstrato "alma" (cf. tb. *Si-mesmo*, p. 31).

Amor

É mais do que um sentimento. É uma atitude que faz todas as áreas de nosso ser reverberarem. Quando nossas emoções reverberam com força, como acontece com os apaixonados, o amor se torna um sentimento elevado de vivacidade. No amor ao inimigo, o elemento emocional não é nada significativo. Parece quase desesperador encontrar um denominador comum para o amor romântico, o amor materno, o amor animal, o amor à pátria e o amor de Deus. Uma definição, entretanto, que se encaixa em todas as formas tão diferentes de amor, seria esta: o amor é o Sim vivido que se dá ao pertencimento (cf. tb. *Visão global*, p. 19, *Si-mesmo*, p. 34, *Você*, p. 44, *Deus*, p. 94, *Decisão*, p. 143 e *Stop – Look – Go*, p. 183).

Angústia

E medo são duas palavras que podem se confundir numa mesma sensação, mas que devemos saber distinguir. A angústia não pode ser evitada na vida. É a reação involuntária contra as ameaças e ela desencadeia alterações físicas. Isso inclui uma sensação de aperto e constrição no peito e na garganta. Esse aperto – em latim "*angustia*" – dá origem ao nome do sentimento. Podemos então passar com coragem pela ameaça que desencadeia a angústia; mas também podemos oferecer resistência internamente e reagir também internamente. Essa reação contra a angústia é o que chamamos de medo. O que diferencia os dois é a confiança na vida e nela se sustenta a coragem. Pois ao medo falta confiança. A experiência primordial da angústia é o parto. O aperto primordial pelo qual temos que passar é o canal de parto. Aquilo que fazemos instintivamente quando somos bebês ao nascer, a vida sempre volta a nos exigir: que confiemos no caminho do fluxo da vida. Toda vez que fazemos isso, a angústia nos conduz a um novo parto. Isso podemos esperar até mesmo na angústia pelo medo da morte (cf. tb. *Ego*, p. 24 e *Confiança*, p. 119).

Atenção

É o oposto de distração; significa uma atitude de maior cuidado e de concentração alerta, porém relaxada. Contudo, enquanto a concentração normalmente estreita nosso cuidado a um foco, o cuidado expande seu alcance ao ilimitado. O poeta T. S. Eliot caracteriza este paradoxo como "concentração sem dispersão". Entretanto, não basta apenas não deixar nada dispersar, devemos ainda agregar conscientemente nossa contraparte, caso contrário, mostra-se que, na prática, tendemos a nos concentrar em nós mesmos. O exercício da atenção, por mais importante e útil que seja, não raro é sobretudo autocentrado. Por isso, coisas que são equivocadamente chamadas de atenção resvalam para a vaidade. A atenção genuína mostra-se para nós em pessoas que estão alertas às suas respectivas contrapartes e prontas para o diálogo (cf. tb. *Gratidão*, p. 198).

Bom-senso

É uma expressão apropriada para o senso comum saudável. As pessoas espiritualmente saudáveis entendem o misterioso cosmo, no qual vivemos, como sua casa, como seu lar. E esse entendimento determina como vivem: as pessoas com bom-senso entendem como se orientar em seu pertencimento ao Domicílio Terra e como nele se sentir em casa. É por isso que eles não têm medo e são confiantes. *"Nada há que possa assustá-lo e você está em casa"*, conforme o poeta Werner Bergengruen (1892-1964) expressa sua confiança de que, no mistério insondável, estamos jogando em casa (cf. tb. *Mistério*, p. 73).

Budismo

Dos múltiplos aspectos das muitas formas de Budismo, um em particular ocupa o ponto central pra nós neste livro: o silêncio. O silêncio é desde o início tão fundamental para o Budismo quanto a palavra é para as Tradições do Amém e o entender-fazendo é para o hinduísmo. Isso não se aplica apenas ao "nobre silêncio" de Buda, de sua recusa em responder a grandes questões especulativas que não se relacionam diretamente com a prática central, o que inclui até mesmo perguntas sobre Deus e o além. O silêncio tem acima de tudo um significado positivo, tanto que o grande sermão do Buda, comparável ao Sermão da Montanha em importância, é sem palavras. Em silêncio, ele apenas segura uma flor. Apenas um dentre todos os presentes entendeu esse famoso "Sermão da Flor" e demonstrou que havia entendido sorrindo em silêncio. Naquele instante, como se diz, a tradição passou de Buda para seus seguidores sorridentes. O silêncio é a tradição. As Tradições do Amém confiam na palavra de Deus; o Budismo se baseia no silêncio do qual nasce a palavra (cf. tb. *Religiões*, p. 115).

Caminho do fluxo

É uma expressão bonita, mas pouco usada no cotidiano, geralmente só na linguagem técnica. Ela serve para caracterizar, em sentido figurado, a atitude básica do taoísmo: a prontidão para se deixar levar pelo fluxo da vida, de modo consciente e voluntário. O percurso do fluxo tem então um duplo significado. Por um lado, refere-se à direção da água que flui, o rio da vida; por outro lado, ao percurso da vida do sábio que, como um nadador, de forma alguma boiando à deriva, segue confiante na orientadora e fluída corrente da vida (cf. tb. *Decisão*, p. 143 e *Stop – Look – Go*, p. 173-183).

Compreensão

Significa uma tomada de posse intelectual, um agarrar e apreender percebendo e concebendo por meio de conceitos. É o procedimento espiritual pelo qual o mundo se torna concebível para nós. Esse capturar o mundo, no entanto, sob um olhar mais atento, revela-se violento e unilateral. Um toque mais gentil e mútuo – algo mais parecido com um abraço do que com uma rapina – é da mesma forma possível para nosso intelecto, se nos deixarmos ser tomados e movidos por aquilo que queremos entender. Essa diferença entre acesso e emoção serve de base para a distinção entre compreensão e entendimento (cf. tb. *Mistério*, p. 66).

Confiança

Cf. p. 117.

Confiança na vida

É nossa atitude básica inata. A desconfiança, por outro lado, é algo que só aprendemos mais tarde e permanece uma postura intelectual que está permanentemente em contradição com nosso comportamento cotidiano. Afinal, muitas vezes sem estarmos explicitamente conscientes disso, confiamos nos processos da vida, sem os quais não poderíamos continuar a viver por um momento sequer. Viver em tal conflito interno pode nos deixar doentes. A confiança racional na vida leva a sério e se baseia nas muitas evidências que nossa vitalidade física fornece sobre a confiabilidade de vida. Se a vida se mostra tão confiável nas áreas da respiração, do metabolismo ou da circulação sanguínea, não deveríamos confiar mais na sabedoria da vida do que em nosso conhecimento limitado em todas as áreas? Podemos confiar que tudo o que a vida nos traz é para o melhor, mesmo que não seja tão evidente no momento. Olhando para trás, podemos verificar que as decisões mais sábias foram tomadas pela vida, não por nós mesmos (cf. tb. *Confiança*, p. 117 e *Stop – Look – Go*, p. 183).

Coração

Significa, no sentido figurado, a parte mais interna de algo, tal como na expressão "no coração da cidade". Da mesma forma, também falamos do sentimento mais íntimo de uma pessoa como o coração, por exemplo, quando "abrimos nosso coração" para alguém. O fato de nos referirmos ao nosso âmago com a mesma palavra usada para o órgão do corpo indica que o termo coração quer dizer o ser humano como um todo – espírito *e* corpo. Sentir, pensar, querer – nada pode ser deixado de fora se o coração for entendido como um símbolo de todo o ser humano. Com demasiada frequência, apenas o lado emocional é enfatizado, por exemplo, quando dizemos de alguém: "Ela é toda coração". Essa ênfase unilateral pode levar a grandes mal-entendidos e hoje representa um enorme perigo, pois também se aplica o princípio do "siga o seu coração". Isso não deve significar, de forma alguma, seguir exclusivamente os sentimentos. Não somos dotados apenas de um coração, mas também de um cérebro. Como centro mais interno do ser humano, o coração é também a área de nossas relações mais profundas – quando duas pessoas falam uma com a outra "de coração para coração" ou são até mesmo "um só coração". Nesse sentido, o coração é também o lugar do nosso encontro com o grande mistério (cf. tb. *Religiões*, p. 113).

Decisão
Cf. p. 134.

Desenvolvimento
É uma palavra com um significado triplo. Por um lado, desenvolvimento significa crescimento, por exemplo, tendo em vista os processos biológicos. A palavra "desenvolver" também pode se referir a processos como a construção de um vocabulário. E, na linguagem técnica da fotografia, o desenvolvimento é a revelação, isto é, o processo pelo qual um negativo se torna uma fotografia positiva, assim como um projeto se desenvolve até se tornar uma obra de fato. No sentido desses três processos, podemos falar do desenvolvimento em nossas vidas. Desenvolvimento significa, portanto, o crescimento, o enriquecimento e a realização de possibilidades.

Esses três aspectos são de grande importância também quanto ao desenvolvimento no sentido de evolução (cf. tb. *Vida*, p. 83).

Deus

É uma designação para o grande mistério. Como a palavra "Deus" provém de uma raiz que significa "chamar", a utilizamos quando queremos enfatizar nosso *relacionamento* com o grande mistério — seja no papel de quem é chamado ou de quem chama (cf. tb. p. 87).

Dignidade

"Dignidade" tem relação com a palavra "valor". Atribuímos valor de raridade a coisas que só ocorrem esporadicamente. Quem perceber que cada coisa, cada ser vivo, cada acontecimento não é apenas raro, mas único, ficará consciente da dignidade que pertence a tudo o que existe e seguirá pela vida demonstrando reverência. Todo ser humano também tem direito a essa dignidade básica. Quem descobre isso uma vez, torna-se consciente de sua própria dignidade e sabe que ela não depende do reconhecimento dos outros. Tal pessoa apruma a espinha dorsal, anda de cabeça erguida e sabe o que está sob a sua dignidade. Esta é a visão interna da dignidade humana. É importante manter este entendimento básico de dignidade, mas ao mesmo tempo reconhecer diferenças de valor mais superficiais e, ao mesmo tempo, muito importantes. Esta é a única maneira de evitar um igualitarismo enfadonho. Há uma hierarquia de valores. Tornando-se sensível a eles em muitas áreas da cultura, podemos aprofundar e enriquecer a nossa vida de forma sustentável (cf. tb. *Isso*, p. 48).

Dignidade humana

Pela palavra-chave dignidade estamos levando em consideração a dignidade básica a que todo ser humano tem direito. Infelizmente, muitas pessoas não estão conscientes dessa dignidade. Para crescer na consciência de sua dignidade humana, uma criança precisa de duas coisas: a experiência de ser amada incondicionalmente e a experiência de ser reconhecida, afirmada e apoiada na singularidade de cada um. Como isso não é concedido a muitas crianças de hoje, há cada vez mais pessoas que se sentem rebaixadas e sem valor. Para adultos que, desde a infância, não puderam crescer na consciência de sua dignidade humana, é difícil recuperar o tempo perdido. Para isso, contudo, a vida nos concede o que necessitamos. Pertencemos incondicionalmente à comunidade dos vivos. Isto significa que a vida nos ama e nos afirma em nossa unicidade. Podemos contar com isso. Ter isso em mente pode ser de grande ajuda. A dignidade humana – a nossa própria e a de cada pessoa – faz parte hoje, inevitavelmente, do conteúdo da educação básica. Mas a miséria no nosso mundo, para algumas pessoas, torna quase impossível sentirem-se amadas e reconhecidas. A carência e a miséria no mundo representam o crime contra a dignidade humana, que desafia toda a família da humanidade. Abolir a miséria, de acordo com especialistas, está ao alcance da realidade. A dignidade humana exige, portanto, que essa tarefa seja encarada imediatamente (cf. tb. *Sistema*, p. 55, 66).

Distinção

Desempenha um papel importante no empenho para encontrar orientação. Por exemplo, fizemos distinção entre o Eu e o Si-mesmo, entre Mundo-Você e Mundo-Isso, entre sentido e finalidade, compreensão e entendimento, angústia e medo e, desse modo, ganhamos percepções importantes. Por mais importante que seja distinguir nitidamente, também é premente não exagerar nas distinções por separações e, dessa maneira, acabar falhando em entender a unidade na diversidade. O físico e intelectual precursor Herbert Pietschmann (1936) definiu a diretriz: "Distinguir sem separar. Conectar sem igualar" (cf. tb. *Eu*, p. 19, *Si-mesmo*, p. 27, *Ego*, p. 36, *Você*, p. 47, *Isso*, p. 52, e *Mistério*, p. 66).

Domicílio Terra

É uma expressão cunhada pelo poeta e ativista ambiental Gary Snyder (1930). Essa expressão ilustra que nosso meio ambiente, ou seja, mundo ao redor é, ao mesmo tempo, nosso mundo compartilhado, do qual devemos nos sentir como parte da família e pelo qual somos alimentados. Ao pensarmos e dizermos Domicílio Terra em vez de meio ambiente, nossa atitude muda completamente por si própria, o que mostra também o poderoso efeito que as palavras possuem (cf. tb. *Mistério*, p. 73).

Doutrina

Juntamente com a moral e os rituais, é uma componente de toda religião. Ela se volta para a razão e tenta expressar percepções da religiosidade humana geral em uma linguagem que era inteligível e convincente para a cultura em questão, na época da fundação da religião. Quando épocas depois essa linguagem se tornar ininteligível, a religião em questão deve tentar traduzi-la em uma forma contemporânea de expressão para que ela mantenha seu poder de persuasão. É de suma importância observar que as percepções religiosas só podem ser aproximadamente expressas na linguagem da poesia. Essa é uma característica distintiva entre os enunciados religiosos e os científicos (cf. tb. *Religiões*, p. 111).

Duplo domínio

Para Rilke, que cunhou este termo, o duplo domínio significava originalmente a "não dualidade" (*Advaita*) entre os mundos dos vivos e dos mortos. Nos "*Sonetos para Orfeu*", o poeta desenvolve esse tema, por exemplo, por meio da imagem do "reflexo na lagoa". A bela expressão "duplo domínio" pode ser aplicada a muitas outras áreas. O que é criado por meio da relação de "*Advaita*" é sempre um duplo domínio (cf. tb. *Interior/Exterior*, p. 122 e *Agora*, p. 131).

Ego

Cf. p. 48.

Emoção

É, primeiramente, um estado que nós sentimos. Mas isso não exclui o fato de que também tem um componente intelectual muito importante. Compreender e ficar emocionado são movimentos opostos um ao outro. Assim como conceitos levam à compreensão, a emoção leva ao entendimento. "*Conceitos nos tornam conhecedores, a emoção nos torna sábios*", escreve Bernardo de Claraval (1090-1153) em seu sermão sobre o Cântico dos Cânticos. A emoção vai além do compreensível e com isso ela entende também o incompreensível. Nisso consiste a sabedoria. Emoção e compreensão não devem ser jogadas uma contra a outra em circunstância alguma. Elas se complementam, assim como as emoções e o intelecto só juntos podem fazer justiça à nossa experiência do mundo. Onde prevalece uma atmosfera anti-intelectual, há sempre o perigo de se querer substituir o pensamento nítido por um arrebatamento sentimental. Mas a emoção, mesmo que possa subir ao nível de um turbilhão de sentimentos, é nítida e sóbria (cf. tb. *Mistério*, p. 66).

Entendimento

Com frequência, é usado equivocadamente como sinônimo da palavra "compreender". Essas duas formas de captar intelectualmente se complementam, mas surgem de duas atitudes distintas. Quando compreendemos, agarramos de modo voluntário e unilateral aquilo que deve ser captado; por outro lado, quando entendemos, vamos além disso e nos permitimos ser tomados involuntariamente – naquele abraço mútuo que chamamos de emoção. Ao compreender, conseguimos tomar as rédeas só de uma parte do que queremos captar. Mas o que nos toma e nos move na emoção é o todo – em última instância, o grande mistério (cf. tb. *Mistério*, p. 66).

Esperança

No sentido espiritual, é fundamentalmente diferente de nossas esperanças. O que esperamos na vida cotidiana é sempre algo que podemos imaginar. A esperança no sentido espiritual é a abertura para a surpresa – para o inimaginável (cf. tb. *Stop – Look – Go*, p. 183).

Espinha dorsal

Significa, a princípio, em puro sentido anatômico, a coluna vertebral, mas a expressão é utilizada em diferentes sentidos figurados para aspectos espirituais importantes. A espinha dorsal pode representar a firmeza de ânimo daqueles que demonstram ser autoconfiantes e fortes em caráter. Também pode indicar a força de vontade de pessoas que defendem seus princípios, mesmo contra resistência e sob pressão. Quebrar a coluna de alguém significa paralisá-lo e tirar-lhe a resistência. Assim como podemos treinar a flexibilidade de nossa coluna vertebral por meio do esporte, também podemos treinar nossa espinha dorsal por meio de exercícios espirituais. O termo "espinha dorsal" também é adequado para falar de uma mudança de consciência que está ocorrendo em nosso tempo. Milhões de anos antes do desenvolvimento do esqueleto interno, ao qual pertence a coluna vertebral, havia o chamado exoesqueleto, como ainda hoje podemos observar na crosta de caranguejos e camarões e na couraça de quitina de besouros. Um exoesqueleto dá proteção e suporte ao corpo, mas torna o movimento pesado. Basta pensar em um besouro virado de costas, debatendo-se com as patas e incapaz de se erguer. Graças a um esqueleto interno, o corpo ganha uma mobilidade totalmente nova. Hoje estamos vivenciando um passo de desenvolvimento psíquico comparável com a passagem do esqueleto interno para o externo na evolução física das espécies. Até recentemente, as ações e inações éticas em nossa sociedade foram determinadas por normas de conduta consideradas geralmente compulsórias e que determinavam, "de fora" para dentro, a vida dos indivíduos. Estes laços éticos sociais foram, em grande parte, se perdendo. No futuro, teremos que substituí-los, a partir de nós mesmos, pela espinha dorsal. Isso exige que nós, como indivíduos, nos tornemos claramente conscientes de nossos princípios éticos e que os defendamos com convicção. Se conseguirmos, será comparável à passagem da couraça à coluna vertebral, que torna possível até mesmo dançar. A história mundial nos oferece exemplos brilhantes de figuras proféticas que se sustentaram com a espinha dorsal. Hildegard von Bingen afirmou-se como uma mulher contra um mundo de homens autoritários, enquanto Catarina de Sena mostrou ao Papa, de forma suave e reverente, mas firme, onde era seu lugar.

Espírito

É um termo que eu, pessoalmente, utilizo muito pouco e com relutância – na maioria das vezes só no contexto de citações nas quais a palavra ocorre. É um conceito muito vago para mim, que em um extremo de seu espectro pode significar "fantasma", no outro extremo o "Espírito Santo" de Deus, e que, entre eles, possui uma riqueza de outros significados. Seu mínimo denominador comum é que se trata de algo não material. Se a palavra espírito nos lembra que existe uma realidade não material e autônoma, então ela cumpriu seu dever. Para se falar de domínios separados dessa realidade, provavelmente seja melhor utilizar termos mais claramente definidos (cf. tb. *Interior/Exterior*, p. 124).

Espiritualidade

Vem do latim *"spiritus"* e significa "sopro de vida, vitalidade". A espiritualidade não é uma área separada de nossas vidas; ela significa nossa vitalidade em todas as áreas: desde, primeiramente, a do corpo físico até o despertar vital para os mais elevados valores e realidades. Para muitos que buscam por orientação, a espiritualidade é uma palavra mais corriqueira para o que chamamos de religiosidade, por motivos apresentados na Parte 1 sob esse título (cf. tb. *Religiosidade*, p. 98).

Eternidade

Não devemos interpretar errado, como um longo tempo sem fim. Eternidade significa o oposto de tempo. O tempo passa, a eternidade permanece. O tempo não para, a eternidade repousa. Agostinho define a eternidade como "o agora que permanece" (cf. tb. *Agora*, p. 131).

Eu

Cf. p. 24.

Experiência de pico

"*Peak experience*" é como Abraham Maslow (1908-1970) denominou os pontos altos, ou seja, os "picos" da experiência humana, momentos conscientes do todo-um, conforme conhecemos dos relatos dos grandes místicos. A pesquisa de Maslow, entretanto, foi capaz de mostrar que toda pessoa psicologicamente saudável tem ocasionalmente experiências de pico, muitas vezes despercebidas ou mesmo reprimidas da consciência. O que distingue os grandes místicos, por outro lado, é que eles moldaram seu cotidiano de acordo com a consciência do todo-um. Maslow mostrou que, em experiências de pico, todos os grandes valores — como o belo, o verdadeiro, o bom — são para nós uma realidade no tempo presente. É necessário então, seguindo o exemplo dos místicos, deixar que esses valores inundem nossa vida diária. As experiências de pico são sempre um dom que nos surpreende. Podemos somente nos preparar para elas, mas não as forçar. A busca por experiências psíquicas estimulantes representa sempre um perigo para as pessoas que almejam o espiritual. A grande tarefa é mostrar-nos modestamente agradecidos pelo que recebemos. Fazemos isso dedicando toda nossa energia a moldar nossas vidas conforme o que já nos foi concedido (cf. tb. *Religiosidade*, p. 99 e *Religiões*, p. 109.

Fé

Não significa acreditar que algo seja verdade acima de tudo. A fé, no sentido pleno da palavra, é a confiança na vida (cf. tb. *Confiança*, p. 117).

Gratidão

Cf. p. 186.

Hinduísmo

Estamos fazendo aqui uma apresentação nossa bastante simplificada — espera-se que não em demasia — da relação entre as grandes religiões do mundo. Nela, o foco do Budismo é o silêncio, o foco das Tradições do Amém é a palavra, e o foco do Hinduísmo é o entendimento, que conecta a palavra e o silêncio. Podemos levar a palavra (de Deus) ao coração de modo tão profundo que nossa resposta se torna ação. Só por meio dessa ação é que entendemos, no sentido pleno da palavra —

nos responsabilizamos por nosso entendimento. Podemos conceber todas as formas de ioga, nesse sentido, como um entender-fazendo. "Ioga *é* entender", diz Swami Venkatesananda (cf. tb. *Religiões*, p. 115).

Instante

É uma palavra significativa para o agora. A palavra, a princípio, sugere um período de tempo muito curto, como a imagem de um piscar de olhos. Mas ao falarmos do agora como um piscar de olhos, então algo mais ecoa. No agora — e somente no agora — aos nossos olhos é oferecida a capacidade de enxergar mais do que vemos imediatamente. No agora, os olhos do nosso coração podem ver o que é essencial (cf. tb. *Visão global*, p. 15).

Instituição

É o nome dado a um estabelecimento social para benefício do indivíduo e do público em geral em um determinado campo. Quando uma comunidade que cresce organicamente atinge um determinado tamanho, surge a necessidade de definir institucionalmente sua estrutura e sua missão. Quanto a isso não há nenhuma objeção. Entretanto, é de grande importância não negligenciar os riscos associados a essa etapa. A experiência ensina que as estruturas institucionais desenvolvem uma vida própria. Elas tendem a colocar sua missão original cada vez mais em segundo plano e se tornam um fim em si mesmas. Todos nós sabemos disso tendo em vista instituições políticas, acadêmicas, médicas, comerciais e muitas outras. Para nossa orientação, é importante perceber que essa tendência, de se tornar autocentrada e de servir somente a si, também ocorre nas instituições religiosas. É importante ter em vista seriamente os riscos de uma instituição, continuar a referenciá-la ao seu real propósito, fazer pleno uso de seus benefícios e restringir suas tendências negativas tanto quanto possível. As instituições são um mal necessário, mas elas são mesmo necessárias e podemos aprender a usá-las de modo razoável (cf. tb. *Religiões*, p. 111).

Interior / exterior
Cf. p. 122.

Interiorização

Cf. p. 127.

Ioga

É um termo que abarca todos os caminhos espirituais do hinduísmo. A *Hatha Yoga* com seus *asanas* — posições meditativas do corpo — é apenas uma dessas formas, todavia a mais conhecida. A ioga é uma conexão. Mesmo a palavra "*yoga*", que tem parentesco com a palavra em português "jugo", indica conexão — como a conexão entre dois bois sob um jugo. A ioga conecta palavra e silêncio e, assim, leva ao entendimento. Podemos imaginar esse processo da seguinte forma: em cada momento, a vida nos concede algo, uma "palavra" no sentido mais amplo. Se ouvirmos essa palavra com todo o nosso coração, ela pode nos agarrar (pela emoção) e nos levar ao lugar onde se origina cada palavra: ao silêncio. Nesse caminho, a ioga leva ao entender-fazendo, de modo obediente (cf. tb. *Religiões*, p. 115).

Isso

Cf. p. 48.

Liberdade

Pode ser útil fazer uma distinção entre "liberdade *de*" e "liberdade *para*". Antes de termos em vista a liberdade daquilo que nos torna livres, é importante que fique claro para que realmente queremos usar nossa liberdade. Primeiro devemos prestar contas disso. A "liberdade *para*", que nos parece sempre importante, pode provavelmente ser resumida como liberdade para o autocrescimento. Mas será que nós sabemos mesmo do que necessitamos para nosso pleno crescimento? Não sabemos nem mesmo em nível biológico e temos que confiar na vida, que desenvolve e sustenta nossos corpos por meio de inúmeros processos, muitas vezes completamente inconscientes para nós. Portanto, se nosso objetivo é o livre autocrescimento, então vale mais confiar na vida do que em nossas próprias ideias e planos. O que realmente nos liberta é uma escuta obediente à condução da vida em dado instante. E podemos entender "condução" no sentido em que bons dançarinos conduzem seus parceiros de dança. Deste ponto de vista, resulta que "liberdade *de*" não se refere a circunstâncias externas, mas a tudo aquilo que nos impede de confiar na condução da vida. As condições externas, por mais que possam parecer nos restringir a liberdade, também nos são presenteadas pela vida e têm como finalidade o nosso autocrescimento, porque essa é sempre a finalidade da vida. Nisso podemos confiar. Assim como a "liberdade *para*" o autocrescimento é a finalidade, a "liberdade *do*" medo é o caminho para essa finalidade – o caminho da confiança na vida. Um exemplo ilustre é a atitude destemida de Viktor Frankl (1905-1997), que demonstra em seu livro " […] *trotzdem Ja zum Leben sagen*" (" […] apesar de tudo, dizer sim à vida" – traduzido em português como *Em busca de sentido*) demonstra, a partir de sua própria experiência, que uma pessoa pode permanecer interiormente livre, mesmo na maior ausência de liberdade dos campos de concentração, e que as experiências mais terríveis de falta de liberdade podem levar a um inesperado autocrescimento (cf. tb. *Decisão*, p. 138).

Lila

É uma palavra sânscrita que significa "jogo" e no hinduísmo representa a ideia de que os acontecimentos do mundo inteiro são, em última instância, uma encenação do grande mistério: uma brincadeira divina, a grande ciranda do universo. Também para os não hindus, essa imagem pode ter um grande significado: o sentido de nossa vida é estar em compasso com a dança cósmica (cf. tb. *Stop — Look — Go*, p. 171).

Matéria

Significa originalmente a substância primordial que constitui tudo. A matéria é tudo o que é concreto, em oposição à realidade imaterial, a qual se denomina com a palavra igualmente inespecífica "espírito". É importante ter sempre em mente que matéria e espírito são duas realidades autônomas e irredutíveis uma à outra, caso contrário acabaremos inevitavelmente no materialismo ou no idealismo. Entretanto, a nítida distinção entre ambas não deve se tornar uma divisão. Espírito e matéria permanecem relacionados entre si e são talvez manifestações de uma realidade superior: C. G. Jung (1875-1961) e W. Pauli (1900-1958) a chamam de "*unus mundis*", o mundo único. Gustav Fechner (1801-1887) e Wilhelm Wundt (1832-1920) já falavam de duas perspectivas: a matéria vista de dentro é espírito; o espírito visto de fora é matéria (cf. tb. *Interior / Exterior*, p. 124).

Medo

É nossa reação voluntária contra a angústia involuntária. À primeira vista, essa reação nos parece tão natural que a consideramos involuntária. Um olhar mais atento mostra que a angústia é inevitável, mas o medo é facultativo. É verdade que a angústia desencadeia no corpo alterações espontâneas que deixam os seres vivos prontos para reações de luta ou fuga. A luta aqui, porém, refere-se à defesa contra o perigo, não à luta contra a angústia, como acontece com o medo. Por meio do exercício de nossa confiança na vida, podemos aprender a não deixar o medo sequer vir quando a angústia se apodera de nós. O medo permanece escondido na angústia e pode facilmente levar a reações de pânico. Uma atitude sem medo em relação à vida, por outro lado, nos permite agir com prudência e sobriedade em situações assustadoras e contribui muito para superá-las (cf. tb. *Ego*, p. 36, bem como *Confiança*, p. 119 e *Gratidão*, p. 123).

Mistério

Também denominado "grande mistério", refere-se à realidade última — a força que em tudo age. Não podemos captar essa força conceitualmente, mas podemos experimentá-la se deixarmos que ela nos afete. Em outras palavras, não podemos compreender o mistério, mas sim entendê-lo. Nós, humanos, experimentamos o efeito do mistério primeiramente como vida. Também não podemos tomar as rédeas da vida por meio de conceitos, mas podemos aprender a entendê-la — simplesmente vivendo. Isso vale tanto para o mistério quanto para a vida: a vida está em nós e nós estamos na vida, por outro lado também dizemos que a vida vem ao nosso encontro e nos confronta. Estamos inteiramente no mistério e o mistério está em nós, por outro lado estamos em um relacionamento com o mistério. Aqui também pertence a palavra "Deus", que aponta para nosso relacionamento pessoal com o mistério (cf. tb. p. 66).

Moral

Juntamente com a doutrina e os rituais, é um componente de toda religião. Ela aborda a disposição (no sentido de nossa boa vontade) e tenta apresentar valores de ética humana em geral, de modo que eles se tornam moralmente obrigatórios, para a cultura em questão, no momento da fundação da religião. Quando, em épocas posteriores, as condições culturais mudam, a religião em questão deverá buscar incorporar novos problemas éticos que surgirem, para que sua moralidade possa continuar a servir como um farol para o comportamento ético (cf. tb. *Religiões*, p. 107).

Morte

Morte e vida fazem parte uma da outra, inseparavelmente. Morrer corretamente é a grande tarefa que a vida nos coloca. Morrer não é apenas algo que ocorre conosco, mas acima de tudo uma ação ativa que a vida exige de nós. É uma atividade mais elevada — em tal medida que nossa língua não nos permite falar, na voz passiva, de nossa morte, que geralmente imaginamos ser tão passiva. Devemos morrer ativamente; não podemos "ser morridos" passivamente. O que escrevemos a respeito da palavra-chave "angústia" vale, em especial medida, para a angústia pelo medo da morte. Entendendo isso corretamente, não se morre apenas uma vez no fim da vida. Aquele que não morre completamente para o momento dado não pode estar completamente vivo para o momento seguinte. Morrer consiste essencialmente em desprendimento. É um grande dom para o qual deveríamos nos preparar ao longo de toda a vida: poder desprender-se no fim, como um fruto maduro que cai da árvore em um dia ensolarado de outono. "O homem não morre de morte, mas de amor maduro", disse Otto Mauer (1907-1973) (cf. tb. *Deus*, p. 90).

Mundo

Pode ser entendido como mundo externo, mundo interno, mundo compartilhado e mundo ao redor. Discutimos esses conceitos individualmente como quatro de nossas palavras-chave.

Mundo ao redor

Mundo ao redor, ou "meio ambiente" ou entorno, é o que todo ser vivo "cria" para si mesmo por meio de suas relações com o mundo externo. Dessa forma, apenas uma parte relativamente pequena do mundo externo torna-se o mundo ao redor deste ou daquele tipo de ser vivo. Os órgãos sensoriais, as experiências e os hábitos de vida das baleias, por exemplo, estabelecem com o mundo externo relações diferentes daqueles dos gafanhotos. O meio ambiente de ambos é respectivamente diferente – dentro de um único e idêntico mundo externo. Algo semelhante se aplica, em princípio, a nós, humanos. E, ainda assim, para a humanidade de hoje, há uma grande diferença de todos os outros seres vivos que conhecemos. Devido ao incomparável alcance de nossos órgãos dos sentidos e nossas experiências e graças aos instrumentos técnicos, uma área quase ilimitada do mundo externo tornou-se nosso meio ambiente. Ao mesmo tempo, porém, a consciência humana reconhece nossa responsabilidade pelo nosso mundo ao redor. Cada vez mais pessoas também se tornarão conscientes do desastre que nossos estilos de vida infligem ao nosso mundo ao redor. Quando bem entendida, a própria expressão ecológica "meio ambiente" aponta para nossa responsabilidade de proteger o mundo ao redor (cf. tb. *Eu*, p. 27, *Isso*, p. 48 e *Vida*, p. 80).

Mundo compartilhado

É como denominamos parte de nosso mundo ao redor (ou meio ambiente) com o qual nos sentimos particularmente ligados — nossos semelhantes, nossos contemporâneos, nosso ambiente social, nosso círculo de convívio em sentido mais restrito. Essa restrição ignora o fato de que estamos tão intimamente ligados com todo nosso mundo ao redor — com o universo inteiro — quanto com o que reconhecemos como nosso mundo compartilhado. Cada átomo de nosso corpo é, como se costuma expressar, "poeira estelar cósmica". Se nos mantivermos conscientes disso, então apreciaremos nosso ambiente de uma maneira completamente diferente e o trataremos com a reverência que nosso mundo compartilhado merece (cf. tb. *Eu*, p. 26).

Mundo externo

Diferente do mundo ao redor e do mundo compartilhado, significa a totalidade do universo *físico* conhecido e ainda a ser investigado. Ao conceito de "mundo externo" corresponde o de "mundo interno", que se refere à totalidade dos fenômenos psíquicos. Na maioria das vezes falamos do mundo interno do ser humano individual. Assim como o mundo externo, nosso mundo interno — simplesmente por existir — torna-se um convite para explorá-lo.

Mundo interno

É como denominamos toda a conjuntura de nossos pensamentos, aspirações e sentimentos que pertencem apenas a nós mesmos, ou seja, ao nosso domínio espiritual, distinto do corporal. Enquanto nossa corporalidade está acessível à esfera pública, nosso mundo interno só está aberto a nós mesmos. Também chamamos esse domínio de nossa interioridade. É aqui que acontece nossa vida interior — nosso pensar, sentir e querer e a interação de suas forças motrizes. Nosso mundo interno representa uma riqueza que ninguém pode nos roubar. Apenas nós mesmos é que podemos deixá-lo atrofiar. Mas também podemos promover e cuidar de nossa vida interior por meio da interiorização, apoiar seu crescimento e prosperidade por meio de "alimentos saudáveis" e desenvolver conscientemente seus domínios. Dessa forma, independentemente das condições externas, em grande parte, nos tornamos pessoas ricas por dentro – e isso por si só já é verdadeira riqueza. No entanto, a expressão "em grande parte", na frase anterior, tem um importante significado. Ela nos adverte a não superestimar a independência de nossa vida interior em relação às condições externas. Particularmente na faixa etária em desenvolvimento, as condições físicas básicas para a saúde e o bem-estar devem primeiro ser satisfeitas, a fim de que o mundo interno possa se desenvolver de forma saudável. A quantidade alarmante de crianças que carecem desses requisitos faz com que seja um dever de todos, por meio de esforço conjunto, erradicar a fome e a miséria do mundo.

Obediência

Vai muito além da execução de comandos, que podem ser ensinados também aos cães. A obediência humana, no sentido pleno dessa palavra, é escutar com o coração, de modo tão profundo e voluntário que escutar se torna obedecer. A obediência acaba obedecendo à exigência que a vida coloca – por meio de tudo aquilo que nos confronta em dado momento. Pode ser uma situação, um ser vivo ou mesmo um objeto inanimado. Também as coisas esperam algo de nós: elas querem ser tratadas com cautela e respeito, com atenção à rede de relacionamentos que chegam até nós por meio delas – em última instância, também o relacionamento com o grande mistério, que serve de base para tudo. Só podemos escutar com obediência quando ficamos quietos. É possível praticar e aprender como aquietar-se internamente. A partir da quietude do coração, a escuta da obediência brota como por si só (cf. tb. *Mistério*, p. 73).

Oportunidade

É a situação em que nos encontramos. Nós a reconhecemos como oportunidade quando nos atentamos a uma possibilidade que a vida nos oferece nessa situação. A oportunidade é, ao mesmo tempo, um convite para transformar ativamente em realidade a possibilidade oferecida. Quando a perdemos, a vida nos oferece novas e inesgotáveis oportunidades (cf. tb. *Vocação*, p. 151 e *Gratidão*, p. 188).

Orientação

Cf. p. 21.

Palavra

Como fenômeno espiritual, a palavra tem, ao mesmo tempo, duas funções diferentes, opostas: ela define um conceito e revela uma realidade incompreensível que transcende os conceitos. Por trás disso estão dois movimentos antagônicos. A serviço da ciência, a palavra captura conceitos, mas no jogo de poesia ela liberta sentidos. Em ambos os domínios – razão e sabedoria – podemos praticar nossa receptividade. Só então saberemos prestigiar plenamente o poder da palavra. Mas o poder da palavra também se mostra de outra maneira muito tangível e muitas vezes dolorosa: as palavras não se deixam ser relembradas e o que elas põem em movimento não pode ser facilmente desfeito. É por isso que é uma tarefa importante aprender a ficar em silêncio até que chegue o momento certo para a palavra certa (cf. tb. *Mistério*, p. 72, 76, *Religiões*, p. 115 e *Stop – Look – Go*, p. 170, 181).

Percepção

Surge do encontro de nossa razão com a realidade. Algo externo tem efeito sobre nosso interior, mas ao mesmo tempo também o inverso. Por meio dessa *interação*, portanto, surge uma ideia, um *insight*, uma percepção – ou seja: ganhamos a percepção de algo que opera independentemente de nós. O efeito de nosso olhar adentro é que nos apropriamos de algo sem destituí-lo de sua autonomia, a qual nos permite, antes de mais nada, essa apropriação. "A razão conquista um novo território como um dominador, mas apenas porque obedeceu ao sinal do sino como um servo". É assim que G. K. Chesterton (1874-1936) coloca metaforicamente. Duas realidades atuam juntas aqui, uma externa e uma interna. Dissolver uma na outra violaria a percepção fundamental que (a) nós experimentamos (b) *alguma coisa*. Qualquer um que duvide dessa experiência básica deve consequentemente duvidar de que possa haver qualquer percepção confiável. O bom-senso se baseia nessa percepção original e pode sempre chegar a novas percepções sobre esse fundamento realista.

Pirâmide do poder

A civilização, conforme a conhecemos há cerca de 6 mil anos, é movida pelo medo e construída como uma pirâmide do poder. Os mais poderosos sentam-se no topo e defendem sua supremacia com violência. Pessoas menos poderosas lutam como rivais por posições mais altas na pirâmide. E todos procuram avidamente apoderar-se do máximo possível dos recursos disponíveis. Isso tipicamente leva a uma sensação de perseguição, tensão e irritabilidade na vida, algo que é tão disseminado em nossa sociedade. Como estágio de transição do desenvolvimento social, a pirâmide do poder cumpriu sua tarefa. Ela tornou possível a organização e a cooperação de grandes contingentes humanos e, portanto, também muitas melhorias em nossas condições de vida. No entanto, as deteriorações que acompanharam de mãos dadas esse processo exigem agora urgentemente um novo modelo, a rede (cf. *Gratidão*, p. 197).

Poder

Consiste em dois componentes: força e influência. Todos nós exercemos poder sobre os outros, mesmo que na maioria das vezes não estejamos conscientes disso: querendo ou não, influenciamos as pessoas com as quais entramos em contato. E nós somos influenciados por elas. Fazemos bem em considerar que possuímos poder e tentar usá-lo de forma responsável. Na maioria dos casos, utilizamos nosso poder da maneira mais sábia encorajando todos aqueles que podemos influenciar. A vida nos dá poder para empoderar os outros. O poder que não faz isso se torna violência. O poder do qual nos tornamos conscientes desperta em nós um sentimento de vontade que pode ser mantido em equilíbrio pelo contrapeso de um senso de responsabilidade, mas que pode facilmente degenerar em vício pelo poder. Quanto menor nossa autoconfiança, maior o perigo de abusarmos de nosso poder de arrogância sobre os outros. Nosso Ego facilmente se torna viciado em poder. Mas quanto mais nos tornarmos conscientes de nós mesmos, mais fácil será para nós, na consciência de nossa própria dignidade e em reverência à dignidade dos outros, usar nosso poder para o bem de todos (cf. tb. *Sistema*, p. 63 e *Gratidão*, p. 197).

Poesia

Mesmo que a palavra "poesia" derive de uma raiz linguística diferente de "densa" no sentido de "pressionada" e "precisamente justaposta", a poesia dá à linguagem uma densidade que nenhuma outra forma de linguagem é capaz de alcançar. Podemos ficar com essa imagem e dizer que a precisa justaposição da linguagem poética lhe confere uma capacidade de carga semântica inalcançável de outra forma. Quem quer expressar algo complicado recorre à poesia, desde jovens apaixonados até chefes de estado em ocasiões solenes. Neste livro, nós também precisamos usar a poesia uma vez ou outra, quando queremos transmitir o essencial, sob cujo peso a prosa acabaria por sucumbir. Somente para o coração admirado é que o essencial se revela: "Só se pode ver bem com o coração. O essencial é invisível aos olhos". Isto é o que o "pequeno príncipe" aprende com a raposa no famoso livro de Antoine de Saint-Exupéry (1900-1944). A poesia é a linguagem da admiração, a linguagem do coração (cf. tb. *Orientação*, p. 23 e *Religiões*, p. 107).

Presença

Significa o agora como o instante do nosso encontro com o Grande Mistério. Falamos de presença quando queremos enfatizar que neste momento o Grande Mistério vem em nossa direção, nos confronta, quer nos dizer algo e espera uma resposta nossa em palavras ou ações (cf. tb. *Religiosidade*, p. 101).

Quietude

Independe de o ambiente estar silencioso ou cheio de ruído. Isso fica mais fácil de entender se substituirmos a noção de barulho e silêncio pela oposição entre tumulto e serenidade. A quietude, do latim *quies*, é a calma, a tranquilidade, uma atitude alegremente descontraída e serena do coração. Aqui estamos falando da quietude interior, que pode se manifestar de duas maneiras: por meio do silêncio e da palavra – não por meio de uma palavra que quebre o silêncio, mas sim de uma palavra na qual o silêncio toma a palavra. Em todo o nosso cotidiano, nosso silêncio e tudo o que dizemos deve partir da quietude. Isso pode ser exercitado e as pessoas que conseguem realizá-lo, em sua vida diária, irradiam paz. Até agora, falamos da palavra e do silêncio que se erguem a partir de nossa própria quietude. Mas também nossa resposta a uma palavra que ouvimos só levará então ao entendimento, por meio de uma ação obediente, se ela vier da quietude (cf. tb. *Misté-rio*, p. 74 , *Religiões*, p. 115, *Vocação*, p. 147, 158 e *Stop — Look — Go*, p. 163).

Realidade

É um termo que engloba e transcende a totali-dade do mundo real. Realidade significa literal-mente "materialidade" e se refere ao conjunto de todas as coisas, porque "*res*", em latim, sig-nifica "coisa". Essa realidade, no entanto, refe-re-se apenas a uma parte do que normalmente queremos dizer com isso, porque há mais no mundo do que as coisas. Existem também rea-lidades imateriais — tais como os valores que manifestam como forças efetivas e que deter-minam nossas vidas de forma decisiva. Realida-de é uma bela palavra que expressa a totalidade universal de forma mais adequada do que a ma-terialidade. Real é aquilo que exerce um efeito físico ou psíquico. Nós, humanos, somos por natureza projetados para explorar a realidade e para buscar a mais profunda e definitiva realidade. Ao fazer isso, encontramos "algo que não podemos *compreender*, mas que podemos bem *entender* por meio de seu efeito sobre nós". Mas essa é também a nossa definição para o grande mistério. Devido a seu amplo poder de efeito sobre nós e sobre tudo o que existe, também o chamamos de "realidade última" (cf. tb. *Visão global*, p. 15 e *Mistério*, p. 66).

Recordar

Significa mais do que manter algo na memória. Recordar é um processo de interiorização. O que recordamos fica armazenado em nossa memória como um registro; além disso, o que recordamos fica guardado em nosso interior, em nosso coração – e isso com um significado triplo. O acontecimento recordado é *guardado* de modo semelhante a um ponto de ônibus que fica para trás, isto é, que é deixado. Ele não existe mais no mundo externo. No entanto, é conservado na memória e, portanto, também fica guardado. Mas tudo o que se recorda também está *guardado* em um terceiro sentido: é elevado a um domínio para além do espaço e do tempo – para o mundo interno de nossa consciência. Afinal, aquilo que chamamos de volta à memória, a partir da recordação, não vem de um espaço físico e está à disposição para nós a qualquer momento. Por meio da recordação, a diversidade de nossas vivências é internalizada, simplificada e se torna a diversidade-na-unidade da nossa coleção interna de experiências.

Rede

"*A forma fundamental de organização da vida é a rede*", mostrou o físico Fritjof Capra (1939). Estruturas sociais que não correspondem a esse modelo básico da vida correm sempre o risco de se desenvolverem de modo hostil à vida. Isso vale especialmente para a pirâmide do poder, que se tornou o modelo básico da ordem social humana. As consequências destrutivas dessa forma de convivência podem ser vistas hoje com bastante clareza, o que aponta para a rede como a forma de organização social do futuro. Agora mesmo, o pensamento em rede é uma tarefa importante no contexto de nossa orientação no mundo. Tal pensamento surge da confiança na vida e leva à confiança mútua. Isso pode nos livrar da pressão que a pirâmide do poder exerce sobre nós. Aqueles que sabem que estão inseridos em redes podem viver uma vida descontraída e ao mesmo tempo assumir a responsabilidade pelo desenvolvimento e manutenção das estruturas de rede. Uma das tarefas mais importantes de nossa vida é construir redes em nossas relações pessoais. A *internet* pode servir como exemplo de uma rede de redes. Ela nos disponibiliza uma estrutura de rede e nos desafia a utilizá-la plenamente a favor do bem comum (cf. tb. *Vida*, p. 82 e *Gratidão*, p. 198).

Relacionamento

Nascemos como indivíduos em uma rede de relacionamentos sem os quais não poderíamos sobreviver.

O que determina nosso desenvolvimento desde um indivíduo até uma pessoa madura é a quantidade, a diversidade, a estabilidade e a profundidade dos relacionamentos que cultivamos conscientemente. Pois a partir dos relacionamentos surge algo novo, que representa mais do que a soma das unidades que compõem a relação. Estamos acostumados a pensar primeiro em indivíduos e só depois imaginar também suas relações. Mas como tudo só se torna o que é por meio de suas relações, o relacionamento tem precedência e nossa visão global fica distorcida se não nos atentarmos a isso (cf. tb. *Você*, p. 40, *Isso*, p. 50 e *Mistério*, p. 74).

Religiões

Cf. p. 104.

Religiões tradicionais

O Budismo, as Tradições do Amém e o Hinduísmo, que enfatizam, respectivamente, o silêncio, a palavra ou o entender-fazendo, só se cristalizaram relativamente tarde na história. Nas diversas formações de religiosidade humana, a que chamamos de religiões tradicionais, esses três pontos fundamentais ainda não são tão diferenciados. A esse respeito, a partir de nossa perspectiva de hoje, eles parecem expressar de forma mais equilibrada a religiosidade comum a todos os seres humanos. Esse poderia ser um dos motivos pelos quais muitas pessoas hoje se sentem particularmente fascinadas pela espiritualidade das religiões tradicionais. Além disso, há a influência de nosso senso de justiça, que se rebela contra o fato de que as religiões tradicionais foram, em grande medida, destruídas pelo colonialismo. Isso está levando, em alguns lugares, ao seu ressurgimento e a um novo apreço por sua sabedoria, especialmente seu apego à natureza e a ênfase nos valores femininos maternos.

Religiosidade

Cf. p. 98.

Repouso

Desejamos fazer uma distinção entre repouso e quietude. Pois também há quietude sem repouso. Por outro lado, há ainda o repouso que não requer necessariamente quietude. Manter esse repouso interior, mesmo em meio a um cotidiano agitado e barulhento, é um objetivo desafiador, mas pelo qual devemos nos esforçar. O repouso, neste sentido, não é uma espécie de repouso sepulcral; muito pelo contrário, é uma expressão de vitalidade altamente dinâmica. Ele surge da consciência de, a cada momento, estar frente a frente com o grande mistério, ou mais: de encontrá-lo a cada respiração. Bernardo de Claraval (1090-1153), que chama de Deus o grande mistério, diz a respeito desse encontro: "O Deus em repouso repousa tudo e quem mergulha no repouso de Deus repousa" (cf. tb. *Visão global*, p. 15 e *Stop – Look – Go*, p. 182).

Responsabilidade

Assumir responsabilidade significa defender uma determinada palavra – estar pronto para prestar contas e responder por ela. No entanto, também assumimos a responsabilidade quando *falhamos* em fornecer uma resposta que é indispensável. O significado pleno da responsabilidade só se mostra quando temos em mente que, a cada momento, a vida nos concede uma palavra e aguarda nossa resposta. Quando uma criança nasce entre nós, esse dom da vida é facilmente reconhecido como uma palavra fatídica do destino, que ao mesmo tempo nos coloca a tarefa de respondê-la de diversas maneiras. Ou se a vida de um amigo estiver em perigo, então isso também representa evidentemente uma palavra à qual temos a responsabilidade de responder. Mas também em momentos muito menos dramáticos — de fato, em *cada* momento da vida diária — podemos entender a totalidade das circunstâncias como palavra e dar-lhe uma resposta. Viver nessa consciência significa viver responsavelmente — e essa é uma vida alegremente plena (cf. tb. *Vida*, p. 82 e *Religiões*, p. 104).

Reverência

Depois de tudo o que escrevemos sobre medo e angústia, esta palavra exige uma explicação. A reverência, um temor respeitoso, se recusa a violar a honra — pois a recusa é a atitude do temor. A reverência é uma característica distintiva de uma pessoa espiritualmente desperta. Esse estar desperto é necessário para sentir a presença do mistério. Como o mistério está presente em tudo o que encontramos, a reverência é uma postura de vida das pessoas espirituais. Essa reverência se revela no encontro com todos os seres vivos na forma de reconhecimento da dignidade que lhes cabe. Hoje em dia é de suma importância a reverência à dignidade humana (cf. tb. *Religiosidade*, p. 98).

Ritmo

Uma imagem recorrente para nossa orientação é a sintonia com o ritmo da grande dança no sentido de C. S. Lewis (cf. *Visão global*). Nossa grande tarefa, que essa imagem indica, é adaptar todas as áreas da vida ao ritmo cósmico. Os rituais diários podem ser de grande ajuda prática. O simples hábito de observar a sequência rítmica dos horários do dia e de celebrá-los desta ou daquela maneira já pode dar estrutura à nossa vida diária e nos conceder uma alegria que, de outra forma, seria perdida. Formas antigas, como a Liturgia das Horas, com a qual os monges, por séculos, souberam dar ordem rítmica à sua rotina diária, hoje tornam-se novamente, para muitos que buscam por orientação, um modelo de organização de sua vida diária e, assim, de ajuda para seguir o passo na grande dança (cf. tb. *Visão global*, p. 15 e *Vocação*, p. 160).

Ritual

Junto com a moral e a doutrina, é um componente de toda religião. Os rituais são voltados às emoções e tentam representar as vivências da experiência humana em geral – os encontros com o mistério – de modo a permitir que a cultura existente no momento da fundação da religião celebre tais experiências como uma realidade no tempo presente. Quando, depois de épocas, os rituais antigos não forem mais concebíveis com entusiasmo, a religião em questão deve tentar substituí-los por novas formas contemporâneas, para que mantenham seu poder de entusiasmar (cf. tb. *Religiões*, p. 109).

Sabedoria

Podemos entender a sabedoria como uma forma de conceber a realidade, cuja percepção conecta o compreender com o entender. Essa conexão pode marcar as etapas iniciais da percepção da sabedoria que sai da boca de crianças ou de pessoas comuns, mas caracteriza ainda todos os estágios da sabedoria amadurecida, até os mais elevados. A sabedoria amadurecida faz de uma pessoa sábia um guia confiável para o pensamento e a ação (cf. tb. *Mistério*, p. 66, *Decisão*, p. 140 e *Gratidão*, p. 198).

Santo

Significa espiritualmente são e ileso, por meio de uma relação sanadora com o grande mistério. A hipocrisia — mera aparência de santidade — tem feito muitas pessoas perderem o gosto pela palavra "santo". Mas essa palavra merece um lugar importante no que diz respeito à orientação. O último ponto de referência pelo qual nos orientamos é o Grande Mistério. Consideramos como santos veneráveis aquelas pessoas cuja vida inteira é direcionada ao mistério. Aquilo que se desvia em relação à realidade última traz a desgraça; o que está em sintonia com ela é santo e sagrado. Mesmo as coisas podem ser santificadas por sua relação com o mistério — por exemplo, vestes sagradas, paramentos e instrumentos utilizados na missa. Quanto mais atentos ficamos, mais nítida se torna a relação de tudo, em última instância, com o grande mistério. É por isso que a Regra de São Bento afirma que, no mosteiro, cada panela deve ser manuseada com a mesma reverência que os vasos sagrados no altar. Se estendermos este princípio a todas as áreas da vida cotidiana, nossa vida diária se torna santificada e sã (cf. tb. *Religiosidade*, p. 101).

Sentido

Sentido e finalidade são dois termos que muitas vezes se confundem no uso displicente da linguagem. Tais descuidos na fala expressam um pensamento vago e leva a ações confusas. Por isso, o uso preciso das palavras é importante para nossa orientação. A finalidade pertence ao domínio do trabalho, enquanto o sentido pertence ao domínio da brincadeira. Trabalhamos para atingir uma finalidade. A brincadeira, por outro lado, tem sentido sem que precise ter qualquer finalidade. Ela é uma finalidade suficiente por si só e, portanto, tem sentido. Assim que o trabalho alcança sua finalidade, ele chega ao fim. A brincadeira, ao contrário, pode continuar enquanto estiver nos divertindo. Pois uma ação com sentido repousa em si mesma. Em uma vida balanceada e plena, a finalidade e o sentido devem ser mantidos em equilíbrio. Não alcançamos esse equilíbrio simplesmente alternando trabalho e brincadeira, mas sim quando fazemos apenas um trabalho com sentido — portanto um trabalho que valha a pena ser feito por si só. Caso contrário, podemos alcançar o degrau mais alto da escada de nosso trabalho orientado a uma finalidade e, de repente, temos que nos perguntar: "Qual é mesmo o sentido de todos os meus esforços?" Depois do que foi dito aqui, se perguntamos então sobre o sentido da vida, encontramos a resposta surpreendente de que ela deve ser uma brincadeira – *"Lila"* é como o hinduísmo lhe chama – a grande dança (cf. tb. *Mistério*, p. 72, *Religiões*, p. 113 e *Stop – Look – Go*, p. 182).

Silêncio

É uma das duas formas pelas quais a quietude se manifesta. A segunda maneira é a palavra. Por meio da palavra, a quietude se *exterioriza* – ela se expressa, sai de si mesma ao "tomar a palavra". No silêncio a quietude permanece em si mesma. Uma imagem pode ilustrar bem isso: um gongo que observamos permanece em si mesmo; quando batemos num gongo, ele "se expressa" – sua essência mais interna se revela externamente. Para experimentar a quietude em sua essência, devemos nos unir a ela, mergulhando no silêncio, deixando-nos afundar no silêncio. O silêncio pode se tornar um meio eficaz de sempre encontrar novamente a quieta serenidade no tumulto do cotidiano, ao construirmos pausas de silêncio em nossa rotina diária (cf. tb. *Mistério*, p. 68, 73 e *Religiões*, p. 115).

Si-mesmo

Cf. p. 37.

Sistema

Cf. p. 55.

Stop – Look – Go

Cf. p. 163.

Tao

A tentativa de dizer aqui brevemente algo sobre o *tao* está condenada ao fracasso por apenas dois motivos. Em primeiro lugar, seria imprudente tentar fazer em apenas algumas palavras um comentário válido sobre um assunto tão rico e sutil. Sobretudo vale, porém, o que diz o próprio Lao Tse (séc. VI a.C.), principal representante do taoísmo: "O *tao* que pode ser expresso em palavras não é o *tao* absoluto". Portanto, queremos ressaltar apenas dois pontos: a expressão "caminho do fluxo" é uma boa tradução para o *tao*; e o taoísmo parece expressar a religiosidade comum a todos os seres humanos, de modo mais direto e original que outras religiões ou sistemas filosóficos. É por isso que hoje o *Tao Te Ching* – livro central do taoísmo – é tão importante e pioneiro para muitos que buscam por orientação (cf. tb. *Decisão*, p. 142 e *Stop – Look – Go*, p. 175, 180).

Tempo

Vivenciamos o tempo como um processo que não pode ser revertido. Positivamente falando, o tempo é uma sequência de oportunidades sempre novas que vêm até nós e que nos são dadas (cf. tb. *Agora*, p. 131).

Tradições do Amém

O Judaísmo, o Cristianismo e o Islamismo estão reunidos neste livro como as Tradições do Amém. Não é coincidência que, nas três tradições, a palavra de origem hebraica *"amen"* desempenhe um papel central. Essas três tradições tratam do nosso relacionamento com Deus; em última instância, trata-se da confiança em Deus. É exatamente isso o que esta palavra expressa: "amém" é o "sim" humano ao divino: "*amu-nah*", uma palavra que significa a absoluta confiabilidade de Deus. A expressão do salmo, "espero na sua palavra" (Sl 130,5b), leva a confiança em Deus a um denominador comum entre essas Tradições do Amém. Tudo o que existe, em última instância, pode ser entendido como uma palavra, com a qual Deus se dirige a nós. E toda resposta válida é expressão de confiança (cf. tb. *Religiões*, p. 115).

Uti/frui

Repetidas vezes encontramos na filosofia ocidental o par de termos latinos "*uti*" e "*frui*", que distingue duas importantes atitudes de vida. "*Uti*" é o uso, a utilização – de coisas e oportunidades. "*Frui*", ao contrário, é a fruição, o desfrutar – até o regozijo. Para a vitalidade plena, é necessário aprender e aperfeiçoar ambas as atitudes. Em nosso cotidiano, no entanto, o "*frui*" na maioria das vezes é, infelizmente, negligenciado. Só podemos fazer justiça às coisas e às oportunidades se, além de as utilizarmos, também as desfrutarmos e as celebrarmos em todas as suas características. Se não o fizermos, então o uso muito facilmente se torna exploração e nos privamos da alegria plena que, ao mesmo tempo, poderíamos obter de tudo que usamos (cf. tb. *Stop – Look – Go*, p. 166).

Verdade

Para nossa tarefa prática de orientação, considerações teóricas sobre o conceito abstrato de "verdade" não são importantes e podem até se tornar uma distração. Não nos toca a discussão sobre o tema da verdade, mas sim o confronto ativo com a realidade factualmente dada, que se evidencia por meio da eficácia física e psíquica na vida diária. Discussões sobre a verdade absoluta muitas vezes levam à discórdia; somente juntos é que podemos vencer o embate com a realidade, portanto ele nos une.

Vida

Cf. p. 80.

Violência

É abuso de poder (cf. tb. *Sistema*, p. 61 e *Gratidão*, p. 198).

Visão global
Cf. p. 15.

Vocação
Cf. p. 145.

Você
Cf. p. 40.

Índice remissivo

Advaita 203
Agora 132, 204
Alma 204-206
Amor 206-207
Angústia 207-208
Atenção 208

Bom-senso 209
Budismo 209

Caminho do fluxo 210-211
Compreensão 211
Confiança 117-121
Confiança na vida 212
Coração 213

Decisão 134
Desenvolvimento 214-215
Deus 87, 215

Dignidade 215-216
Dignidade humana 216-217
Distinção 217
Domicílio Terra 218
Doutrina 219
Duplo domínio 219-220

Ego 36
Emoção 220-221
Entendimento 221
Esperança 221-222
Espinha dorsal 222-224
Espírito 224
Espiritualidade 225
Eternidade 225
Eu 36-37
Experiência de pico 226

Fé 227

Gratidão 186-187

Hinduísmo 227-228

Instante 228
Instituição 228-229

Interior/exterior 122-123
Interiorização 127-128
Ioga 230
Isso 48-49

Liberdade 231-232
Lila 232-233

Matéria 233
Medo 234
Mistério 66-67, 235
Moral 235-236
Morte 236-237
Mundo 237
Mundo ao redor 237-238
Mundo compartilhado 239
Mundo externo 239-240
Mundo interno 240-241

Obediência 241-242
Oportunidade 242
Orientação 21-22

Palavra 243
Percepção 244
Pirâmide do poder 245

Poder 245
Poesia 247
Presença 248

Quietude 248

Realidade 249
Recordar 250
Rede 251
Relacionamento 252-253
Religiões 104-105
Religiões tradicionais 253
Religiosidade 98-100
Repouso 254-255
Responsabilidade 255-256
Reverência 256
Ritmo 257
Ritual 257-258

Sabedoria 258
Sentido 260-261
Silêncio 261-262
Si-mesmo 27-29
Sistema 55-57
Stop — Look — Go 163-164

Tao 262
Tempo 263
Tradições do Amém 263

uti/frui 264

Verdade 265
Vida 80
Violência 265
Visão global 266
Vocação 145
Você 40-42

Conecte-se conosco:

f facebook.com/editoravozes

⊙ @editoravozes

🐦 @editora_vozes

▶ youtube.com/editoravozes

☎ +55 24 2233-9033

www.vozes.com.br

Conheça nossas lojas:

www.livrariavozes.com.br

Belo Horizonte – Brasília – Campinas – Cuiabá – Curitiba
Fortaleza – Juiz de Fora – Petrópolis – Recife – São Paulo

  Vozes de Bolso

EDITORA VOZES LTDA.
Rua Frei Luís, 100 – Centro – Cep 25689-900 – Petrópolis, RJ
Tel.: (24) 2233-9000 – E-mail: vendas@vozes.com.br